NOTICE HISTORIQUE

SUR

DE GORDES.

Tout exemplaire non revêtu de la signature de l'auteur sera réputé contrefait et poursuivi.

Grenoble, imprimerie Maisonville,
rue du Quai, 8.

NOTICE HISTORIQUE

SUR

BERTRAND - RAYMBAUD SIMIANE

BARON DE GORDES

GENTILHOMME DE LA CHAMBRE DU ROI,
CONSEILLER EN SON CONSEIL PRIVÉ, CHEVALIER DE SES ORDRES,
CAPITAINE DE CINQUANTE HOMMES D'ARMES,
GOUVERNEUR DE MONDOVI ET DE SON TERRITOIRE
PENDANT LA GUERRE DE PIÉMONT, SOUS LE MARÉCHAL DE BRISSAC,
LIEUTENANT-GÉNÉRAL AU GOUVERNEMENT DE DAUPHINÉ
DE 1565 à 1578.

PAR

M. JULES TAULIER,

Ancien Chef d'institution de plein exercice.

GRENOBLE,
CHEZ
MAISONVILLE ET FILS ET JOURDAN, LIBRAIRES-ÉDITEURS,
Rue du Quai, 8, vis-à-vis le Jardin de Ville.
ET CHEZ LES PRINCIPAUX LIBRAIRES.

1859.
1860

AVANT-PROPOS.

L'ouvrage que j'ai entrepris n'était pas sans difficultés. Les renseignements fournis par les historiens contemporains étaient vagues et peu nombreux, quelques-uns même sans certitude bien positive. Néanmoins, j'avais à cœur de venger de Gordes de l'injuste oubli dans lequel l'histoire l'avait laissé jusqu'ici et auquel on semblait le condamner même de nos jours.

C'est une chose affligeante à avouer pour l'honneur de notre patrie ! Le crime chez nous a toujours eu plus de droits à nos hommages que la vertu, la férocité que l'humanité. Des Adrets, l'auteur des

sauteries de Montbrison et de Pierrelate, qui changea quatre ou cinq fois de religion; Montluc qui
écrivait : « Il n'a pas tenu à moi, si je n'ai pas fait
assez de mal aux huguenots, ni tant que j'eusse
voulu, » et qui s'attribuait, comme un titre de gloire,
le surnom de *boucher royaliste*; Montbrun, l'imi-
tateur, à Mornas, des cruautés de des Adrets, et dont
le fanatisme a trop souvent déshonoré la bravoure;
des Adrets, Montluc et Montbrun ont eu plusieurs
biographes, et de Gordes attend encore le sien! Les
moindres détails de leur vie et de leurs actions sont
parfaitement connus, et bien peu savent, en Dauphiné, où est né, où est mort, comment a vécu le
capitaine, sans contredit, le plus digne, le plus
noble, le plus admirable parmi tous ceux qui ont
joué un rôle dans nos guerres de religion. Guy-
Allard lui-même, Dauphinois, et qui a écrit la
biographie de quelques-uns de ses compatriotes, a
laissé dans l'ombre et dans l'oubli l'homme dont la
vie entière fut pure de toute tache et de tout excès;
qui sauva le Dauphiné des horreurs qui ensanglantèrent Paris et la province, dans la fatale nuit du
24 août 1572; qui demeura, jusqu'à son dernier
soupir, fidèle à la religion de ses pères, sans chercher à s'en faire un instrument de fortune; qui, loin
de l'approuver, désavoua hautement le fanatisme de
ses coreligionnaires; qui se montra constamment
grand homme de guerre, soldat intrépide, sujet

dévoué, catholique sincère, pacificateur habile, et
dont la sagesse égala le zèle en toutes circonstances
et en toutes choses. Sa naissance fut illustre ; sa
famille était des plus anciennes ; il commença à servir
son pays à un âge auquel, à cette époque, les jeunes
gens étaient encore entre les mains de leurs gou-
vernantes ; il est mort, pour ainsi dire, sur la brèche,
après cinquante-huit ans de guerres, de luttes,
d'exploits et d'honneur, et nul ne s'est occupé de
lui ! nul n'a relevé dans l'histoire de notre belle
contrée ce nom glorieux, pour lui donner cette
consécration que la postérité doit aux morts illustres.

J'ai consulté un grand nombre de recueils bio-
graphiques ; j'y ai trouvé bien des noms obscurs et
oubliés depuis longtemps, des hommes célèbres par
leurs vices ou leurs crimes, des femmes perdues
d'honneur, et pas une ligne consacrée à Simiane de
Gordes. L'antiquité eût érigé une statue à ce bien-
faiteur de son pays et de l'humanité, et, parmi tant
de milliers de compatriotes qu'il a sauvés de la mort,
pas un n'a élevé un monument à sa mémoire, ne
lui a donné le souvenir de la reconnaissance : les
dettes du cœur sont donc bien difficiles à acquitter !

Cependant quelques historiens, la plupart étrangers à notre province, ont accordé à ce noble caractère des louanges méritées. De Thou qui, dans une
circonstance importante, a traité de Gordes d'une
manière bien sévère, a écrit de lui : « C'était un

homme d'une droiture et d'une régularité digne des temps anciens, *vir antiqui moris et disciplinæ, et qui summam æquitatem his in turbis semper adhibuerat.* » Chorier en a tracé le portrait suivant : « Il fut un admirable homme en toutes sortes de vertus et chrétiennes et morales. Il était zélé catholique, mais son zèle était judicieux et ne tenait rien de la frénésie. Sa vigilance était infatigable, sa prudente perçante et pénétrante, sa conduite désintéressée et son courage intrépide. Son seul mérite lui avait donné la lieutenance générale de cette province. Les provisions lui en furent envoyées sans qu'il les attendît. Cet honneur ne lui coûta pas même un désir. L'estime que l'on faisait de lui parla et sollicita pour lui et lui tint lieu de faveur, et l'envie, que sa bonté avait surmontée, le respecta. » Guy-Allard, d'Aubigné, Davila, lui ont aussi payé un juste tribut d'éloges. Enfin, M. Long, dans sa remarquable *Histoire de la réforme et des guerres de religion en Dauphiné*, en parle ainsi : « Sa modération et son désintéressement adoucirent les maux inséparables de la guerre : de Gordes et des Adrets, quel contraste! Moins brillant que ce dernier et que Montbrun, moins heureux que Lesdiguières, il les surpasse par sa modération et par ses vertus morales. De Gordes, élève de Bayard et du maréchal de Brissac, est une exception, un modèle de désintéressement dans un temps de fanatisme et de bri-

gandage. Il devenait le pacificateur du Dauphiné ;
mais ce bonheur était réservé à Lesdiguières, son
habile adversaire. Nous n'avons pas encore la biographie de de Gordes, de celui qui a épargné au
Dauphiné la honte d'une Saint-Barthélemy ; mais
nous avons la vie de des Adrets, etc. » Depuis longtemps j'avais remarqué avec étonnement l'indifférence qui s'était attachée à la mémoire de de Gordes.
En écrivant une modeste histoire du Dauphiné, ce
grand caractère, cette haute vertu m'avaient frappé
d'un vif sentiment d'admiration, et il a fallu l'espèce
de refus fait par un maire de Grenoble de donner
le nom de de Gordes à l'une des rues de notre
nouvelle enceinte, pour me décider à publier les
titres de ce grand homme à la vénération de tous.
D'autres, après moi, feront mieux sans doute, mais
j'aurai du moins, le premier, secoué la poussière de
l'oubli qui couvrait ce nom glorieux et tenté d'obtenir
la réparation de l'injustice. De précieux suffrages
m'ont encouragé et m'ont facilité les recherches qu'il
m'a fallu faire dans un grand nombre de Mémoires
du temps. Je n'ai pu retrouver le journal de de
Gordes, dont Chorier a si amplement profité, et qui,
de nos jours, est probablement perdu. De curieux
renseignements m'auraient été fournis, par cet important document, sur la vie de de Gordes avant sa
nomination à la lieutenance générale du Dauphiné,
quoique, à vrai dire, cette partie doive nous inté-

resser le moins, la seconde étant celle dans laquelle toutes les qualités qui l'ont distingué se sont trouvées le plus en évidence. Peut-être encore la publicité donnée à ce petit travail fera-t-elle surgir des documents enfouis quelque part et dont le possesseur ne songeait pas à tirer parti.

Les principaux auteurs que j'ai consultés sont : Chorier, qui a reproduit en grande partie les Mémoires de de Gordes; de Thou, Davila, d'Aubigné, Guy-Allard, Boyvin du Villars, Vieilleville, Montluc, Videl, Michel de Castelnau, la Popelinière, la Noue, Eustache de Piémont, du Bellay, dom Vaissette, Bouche, Coligny, Pape-St-Auban, Louis de Perussis, et enfin, M. Long, notre compatriote. Ces différents auteurs, quoique souvent en désaccord sur la manière d'envisager et d'apprécier les sentiments et les actions de ceux qui ont pris part aux événements des guerres religieuses, ont cependant tous rendu hommage aux grandes qualités de de Gordes et aux inappréciables services qu'il a rendus au Dauphiné.

Qu'il me soit permis enfin d'adresser ici un remercîment à M. Revillout, le modeste et savant professeur d'histoire au lycée de Grenoble, qui a bien voulu m'aider dans mes recherches et me faciliter ainsi l'accomplissement de la tâche que j'avais entreprise.

NOTICE HISTORIQUE

SUR

BERTRAND-RAYMBAUD DE SIMIANE

BARON DE GORDES.

Bertrand-Raymbaud Simiane, baron de Gordes[1], naquit le 18 octobre 1513[2]. Il appartenait à une famille d'une noblesse très-ancienne, originaire de

---

1. Et non point marquis de Gordes, comme quelques auteurs l'ont écrit. La terre de Gordes, située au bailliage d'Apt, fut érigée en marquisat par Louis XIII, l'an 1615, en faveur de Guillaume-Raymbaud de Simiane, capitaine des gardes du roi, de la bande Ecossaise, gouverneur du Pont-Saint-Esprit. (MONTLUC.)

2. Il m'a été impossible de trouver l'indication précise du lieu de naissance de de Gordes. Il est certain néanmoins qu'il est né

Provence, « qui est, dit Guy-Allard, partie en la même province, partie en Piémont, partie en Dauphiné, et qui porte d'or semé de fleurs de lis et de tours d'azur. »

La famille de Simiane fait remonter son origine jusqu'à la maison royale de Castille, mais sans en donner des preuves bien certaines. L'ancien bréviaire de l'église d'Apt dit que l'empereur Charlemagne, visitant la Provence, s'arrêta à Apt et logea dans la maison d'un baron de Caseneuve, seigneur souverain de cette ville. Il donne même le récit d'un miracle qui eut lieu dans la famille de ce même baron, par la découverte que l'un de ses fils, muet, sourd et aveugle, fit des restes de sainte Anne, mère de la Ste-Vierge, dans la maison de son père, ce qui lui valut de recouvrer l'usage parfait des trois sens qui lui manquaient. Guy-Allard

---

en Dauphiné. Les priviléges de la province voulaient que le gouverneur ou le lieutenant du roi fût Dauphinois. Aucun des gouverneurs, du temps de de Gordes, n'étant né en Dauphiné, et aucune réclamation n'ayant été faite lors de sa nomination et de son installation comme lieutenant général du roi, on peut en conclure, d'une manière à peu près certaine, qu'il était Dauphinois. Lorsque Antoine de Clermont fut remplacé par Hector de Pardaillan, seigneur de la Motte-Gondrin, la noblesse ne voulut pas reconnaître le choix de ce dernier, et le Parlement refusa de procéder à son installation, attendu sa qualité d'étranger à la province. Le roi se vit obligé de retirer cette nomination, et ce ne fut que plus tard que la Motte-Gondrin put parvenir à se faire reconnaître. La noblesse eût certainement agi de la même façon à l'égard de de Gordes, s'il fût né hors du Dauphiné.

affirme qu'en Provence nul n'aurait osé douter de
l'authenticité de ce fait. Bouche, dans son histoire de
cette province, parle aussi d'un baron de Caseneuve,
de la maison de Simiane, qui ne voulut pas s'associer
à la révolte de Hunaut, gouverneur de Provence, contre Charlemagne, et resta fidèle à ce prince. C'est probablement le même. Quoi qu'il en soit, les généa-
logistes qui refusent aux Simiane l'honneur de remonter jusqu'à la maison de Castille, fixent à ce baron de
Caseneuve leur descendance véritable. Ils se fondent
pour cela sur ce que la ville d'Apt est le lieu d'origine
de cette famille, et sur ce que la baronnie de Caseneuve
a toujours été comprise dans ses titres. Un de ses des-
cendants, Guiraud, premier du nom, qui vivait en
l'an 1150, prit le premier le surnom de Simiane, que
sa postérité a depuis constamment gardé. C'est au tes-
tament de Galburge, princesse d'Orange, dont il fut
l'un des témoins, qu'il est fait mention pour la première fois de ce surnom de Simiane. La branche de
Dauphiné vient de Guiraud VII, de Simiane, seigneur
d'Apt, en 1385, et qui eut deux fils. L'un, Guiraud,
fut la tige de la branche de de Gordes, l'autre, Bé-
ranger, seigneur de Châteauneuf, fut la tige de la
branche de ce nom.

« Il n'y a pas lieu de douter, dit Guy-Allard, de
l'ancienneté de la famille de Simiane. On ne saurait
mettre en difficulté que son extraction ne soit noble
et illustre, et l'on sait bien que, par ses exploits écla-
tants, par ses grandes alliances, par le lustre avec

lequel elle a paru, et par le grand nombre de terres et de seigneuries qu'elle a possédées, elle a toujours été dans une haute réputation. » Nostradamus, dans son histoire de Provence, Bouche, Ruffi, dans l'histoire des comtes de Provence, Legrand, dans son Traité sur le sépulcre de sainte Anne; le père Colombi, dans ses Quatre livres *de gente Simeaneâ*, Saint Martin-d'Arène, se sont tour à tour occupés de la famille de Simiane, et nous ont appris que ses divers membres ont possédé de nombreuses seigneuries en Provence, en Dauphiné, dans le Comtat-Venaissin, la Savoie et le Piémont.

La famille des Simiane, d'après Guy-Allard, se divise en quatorze branches :

La 1re est celle de Simiane d'Apt;

La 2me, — — de Gordes;

La 3me, — — de Pianesse;

La 4me, — — de Montcha;

La 5me, — — de Manosque;

La 6me, — — de Chasteauneuf;

La 7me, — — de Truchenu;

La 8me, — — d'Esparron;

La 9me, — — de la Coste;

La 10me, — — de la Coste-Moiranc;

La 11me, — — de la Coste de Grenoble;

La 12me, — — de la Garde;

La 13me, — — de la Coste-d'Aix;

La 14me, — — de Saint-Martin.

Le père de de Gordes était Bertrand-Raymbaud de Simiane, quatrième du nom, baron de Caseneuve et de Gordes ; sa mère, Pierrette de Pontevez, fille de Jean de Pontevez et de Sibylle de Castellanne. Onze fils et sept filles naquirent de ce mariage. Notre héros en fut l'aîné. Après lui vinrent :

Jean, né le 21 avril 1515, et qui mourut à la guerre ;

Baptistine, née le 24 novembre 1516, et qui mourut jeune ;

François, né le 23 septembre 1518 ; il embrassa l'ordre des Chartreux, et fut ensuite évêque d'Apt ;

Sibylle, née le 5 septembre 1519, morte jeune ;

Jean-Baptiste, né le 20 novembre 1520, évêque de Vence en 1555, et évêque d'Apt en 1560. Son frère François lui succéda dans cet évêché ;

Anne, née le 3 janvier 1522, morte jeune ;

Louise, née le 25 mars 1523, religieuse de la Celle ;

Charlotte, née le 11 septembre 1524, morte jeune ;

Jean-Antoine, né le 7 septembre 1525, protonotaire apostolique ;

Claude, né le 19 janvier 1527, mort à la guerre ;

Sibylle-Cécile, née le 24 février 1528, religieuse ;

Pierre, né le 30 septembre 1529, mort à la guerre ;

Gaspard, né en octobre 1530, chef de la branche des Simiane-Montcha ;

Balthasard, né le 28 août 1533, fut chevalier de l'ordre de Saint-Jean de Jérusalem ; il périt au siége de Malte, l'an 1565 ;

Melchior, né le 2 février 1535 ; il fut aussi chevalier de l'ordre de Saint-Jean de Jérusalem ; il mourut dans

un combat que François de Lorraine, grand-prieur de
France et général des galères, soutint en 1557 contre
le gouverneur de Rhodes, qui y périt ainsi que six
cents Turcs. Une de ses galères fut coulée à fond. Le
grand-prieur et cinquante chevaliers y furent tués ou
blessés ;

Aymar, né le 16 avril 1536, seigneur de diverses
terres ;

Marguerite, née le 18 mars 1549, mourut sans
alliance ; elle avait refusé de prendre le voile, et elle
vécut dans la maison paternelle ;

En 1552, de Gordes épousa Guigonne-Alleman, fille
de Charles Alleman, seigneur de Champ, de Laval,
de Séchilienne, et d'Anne d'Albigny. Il en eut six enfants, qui furent :

Laurent, qui mourut jeune ;

Gaspard, qui se trouva à la bataille de Lépante, accompagna le roi Henri III dans son voyage de Pologne,
et fut tué, à l'âge de 21 ans, par les protestants, à
Montélimar ;

Baltesard, seigneur de Laval, de Lumbin, de Bayard,
baron de Caseneuve et de Gordes, capitaine de cinquante hommes d'armes des ordonnances du roi, etc. Il
fut tué le 30 mai 1586, devant le Monestier de Clermont, dans un combat pour le service du roi en
Dauphiné. Il n'avait que vingt-quatre ans. C'était un
jeune homme de grande espérance. Il avait épousé
Anne de Saint-Marcel d'Avançon, dont il eut un fils,
Guillaume-Raymbaud de Simiane, en faveur duquel

la terre de Gordes fut érigée en marquisat, comme je l'ai dit plus haut.

Charles, chef de la troisième branche, dite de Pianesse, qui épousa, le 26 février 1607, Mathilde de Savoie, sœur de Charles-Emmanuel Ier du nom, duc de Savoie, et fut capitaine général de la cavalerie savoisienne, *lieutenant général de Son Altesse de là les monts*, et général de ses armées.

Laurence, femme de Rostaing d'Urre, seigneur d'Ourches, dont il sera fréquemment question plus loin.

Marguerite, femme d'Antoine de Clermont, seigneur de Montoison.

De Gordes devait à ses frères et à ses enfants l'exemple de l'honneur et de la bravoure. Il ne faillit pas à ce noble devoir, et la mort glorieuse de la plupart des membres de cette famille prouve assez que tous marchèrent dignement sur les traces si honorables de leur aîné et de leur père.

Il avait à peine sept ans que son père le confia, en qualité de page, à l'illustre chevalier Bayard, son parent. Il ne pouvait choisir pour son fils un plus noble patronage. A peine entré au service, le jeune de Gordes s'exerça avec ardeur au maniement des armes. Une carrière de gloire s'ouvrait devant lui et, avec cet instinct qui ne trompe jamais les grandes âmes, il s'y prépara en dédaignant les futiles passe-temps des jeunes gens de son âge.

A cette époque, les enfants de familles nobles qui se destinaient à suivre la carrière des armes, y débutaient de très-bonne heure. Ainsi le fameux des Adrets n'avait pas encore quinze ans lorsqu'il se joignit à deux cents gentilshommes dauphinois qui firent partie de l'armée envoyée en Italie, sous les ordres d'Odet de Foix, seigneur de Lautrec.

Bientôt la guerre éclata au sujet de la Navarre que Ferdinand le Catholique avait enlevée aux d'Albret, protégés par la France. Les impériaux vinrent mettre le siége devant Mézières, position importante et dont la prise leur ouvrait la Champagne. Les fortifications de cette ville étaient dans un état tellement déplorable que le roi eut un instant la pensée de renoncer à la défendre et de faire raser ce qui restait de ses murailles. Mais Bayard s'opposa à ce projet et demanda à être chargé de tenir tête aux assiégeants. C'est à cette occasion qu'il prononça ces belles paroles qui restèrent gravées dans le cœur de de Gordes et dont il se souvint en plus d'une occasion : « Il n'y a pas de mauvaise place, quand il y a des gens de cœur pour la défendre. »

Bayard vint donc s'enfermer dans Mézières avec sa brave compagnie. De Gordes l'y suivit, heureux de trouver l'occasion de se distinguer sous les yeux d'un tel maître. Anne de Montmorency accourut aussi au secours de la place et amena à Bayard la compagnie de gens d'armes que commandait sous lui Laurent de Monteynard. C'est là que de Gordes se fit remarquer du futur connétable qui, après la mort du chevalier Bayard, l'attacha à sa personne, et ne cessa pendant toute sa vie de l'estimer et de le protéger. Illustre patronage qui honora celui qui l'accorda autant que celui qui sut le mériter si jeune. Jusqu'à sa mort, de Gordes fut dévoué aux Montmorency : le sentiment de la reconnaissance est naturel aux grandes âmes.

Les impériaux furent repoussés et contraints de lever honteusement le siége. La fortune voulut ainsi que de Gordes, pour ses débuts dans la guerre, assistât à une victoire. Il accompagna ensuite Bayard à Paris, il vit l'accueil enthousiaste que lui firent le peuple et la cour, et ces hommages rendus au mérite et à la valeur enflammèrent son cœur d'une généreuse émulation.

Cependant la Navarre, un moment conquise, retomba bientôt aux mains des Espagnols. Bayard avait été appelé en Italie pour seconder les efforts de Lautrec qui tenait l'ennemi enfermé, près de Milan, dans le château de la Bicoque et qui finit par être complètement mis en déroute. De Gordes assista à toutes les rencontres dans lesquelles se signala la valeur du chevalier dauphinois. Il se trouva au combat de Rebec, il était près de Bayard quand le héros fut blessé à mort, il accourut un des premiers pour le soutenir, il assista à ses derniers moments et recueillit son dernier soupir.

Sa douleur fut profonde. Il avait perdu son guide, son protecteur, presque son père, celui-là seul dont il ambitionnait le suffrage et dont l'amitié devait lui ouvrir le chemin de l'avenir. Tous ses rêves étaient détruits, toutes ses espérances anéanties. Les yeux pleins de larmes, et le cœur brisé, il accompagna en France les restes mortels de cet homme qui avait tant fait pour son pays ; il fut témoin des honneurs que rendirent à son cercueil les villes qu'il traversa, des regrets que la nouvelle de cette mort excita partout. Il jura de nouveau à cette ombre illustre de marcher sur ses traces et d'être comme lui terrible au combat, doux et humain après la bataille. Nous verrons plus tard que pas un instant de sa vie il ne démentit cette noble résolution, malgré les actes de cruauté que chacun se permettait alors et que le droit de la guerre semblait légitimer.

Il n'était âgé que de onze ans, mais la vie avait commencé de bonne heure pour lui, et il possédait déjà l'expérience d'un âge plus avancé. Anne de Montmorency, qui l'avait apprécié au siége de Mézières, l'appela auprès de lui. De Gordes se rendit avec empressement à cet appel. Ce nouveau maître remplaçait, selon son cœur, celui qu'il avait perdu, et il se voua depuis lors à la fortune de cet homme dont l'illustration a été si grande et a rejailli sur toute sa postérité.

Depuis cette époque, on ne trouve presque pas de traces de de Gordes dans les historiens, pendant un intervalle de vingt ans. Sa vie fut celle de tous les hommes d'armes de son temps. Il accompagna Montmorency dans toutes ses expéditions, et profita des loisirs de la paix pour développer et cultiver son esprit, chose que dédaignait trop souvent la noblesse.

En 1547, nous retrouvons de Gordes, à l'âge de trente-quatre ans, déjà haut placé dans l'estime et la faveur du connétable, qui lui en donna cette même année une preuve éclatante. Sachant le retour de M. de Vieilleville à Paris, après son ambassade en

Angleterre, Montmorency envoya de Gordes au-devant de lui à Ecouen, à la tête de quarante gentils-hommes, pour le complimenter des premiers et lui exprimer la satisfaction que ses services avaient causée au roi. Parmi eux se trouvaient le futur maréchal de Cossé, alors bailli de Caux, Soubise, d'Entraigues, etc. De Gordes rencontra Vieilleville entre Luzarches et Ecouen, et il entra dans Paris avec lui, suivi d'une foule de seigneurs qui étaient venus se joindre au cortège et féliciter l'ambassadeur.

Le connétable de Montmorency était alors à l'apogée de sa gloire et de sa puissance. Le roi ne faisait rien sans son avis. Tous les princes, même ceux du sang, s'inclinaient devant le favori qui disposait des titres et des honneurs. De Gordes, toujours dévoué, mais toujours franc et loyal, avait eu plus d'une fois à faire entendre au ministre tout-puissant de salutaires vérités. Loin de diminuer son crédit et son influence sur lui, cette fermeté et cette franchise n'avaient fait que l'affermir. Le connétable, dont il était le principal conseiller, se laissait souvent guider par ses avis, car sa prudence et sa sagesse lui étaient bien connues. En cette même année 1547, de Gordes l'empêcha de faire un fâcheux éclat qui aurait gravement compromis sa position. Anne de Montmorency cumulait depuis longtemps le titre de maréchal de France avec celui de connétable. Le roi, désirant récompenser les services de M. de Saint-André en l'élevant à la dignité de maréchal, envoya demander à Montmorency sa démission de cette charge, comme

ne devant pas se cumuler avec celle de connétable. Mais celui-ci, qui s'accommodait fort bien de ce
cumul, s'emporta vivement à cette demande et parut
décidé à résister ouvertement aux désirs du roi, dût-
il en résulter sa perte. Les remontrances de de Gordes le ramenèrent à des sentiments plus modérés, et
le décidèrent, non-seulement à satisfaire à ce qu'on
exigeait de lui, mais même à porter lui-même sa démission au roi, qui se contenta de disposer du titre
et lui en laissa la pension.

Après la condamnation du maréchal du Biez, dont
les brillants services en Italie, en Provence contre
Charles-Quint, et en Picardie contre les Anglais, ne
purent conjurer la perte, le roi partagea le commandement de la compagnie de cent hommes d'armes du
maréchal entre le sieur d'Humières, gouverneur du
dauphin, et le sieur de la Guiche, lieutenant du
connétable. Cet arrangement avait été proposé par
ce dernier, qui voulait faire arriver de Gordes à être
son lieutenant, tant il estimait sa valeur et son
mérite.

En 1550, les principaux états de l'Europe avaient
déjà oublié, grâce à la paix qui régnait partout, les
malheurs causés par les guerres de Charles-Quint et de
François Ier. Mais cette paix n'était qu'apparente, et
chaque puissance se préparait secrètement à la guerre,
n'attendant qu'une circonstance favorable pour commencer les hostilités. Une haine déjà ancienne et une
jalousie violente animaient Henri II contre Charles-
Quint. Ces deux princes ne négligeaient rien pour se

susciter réciproquement des ennemis, s'enlever leurs alliés et se mettre en état de s'attaquer l'un l'autre avec plus d'avantage.

Une très-grande partie du Piémont appartenait alors à la France. Le duc de Savoie en avait été dépouillé pour avoir inconsidérément quitté l'alliance de la France et embrassé la cause de Charles-Quint, dans l'espérance de se faire adjuger par ce dernier le marquisat de Montferrat que lui disputait la maison de Gonzague; espérance qui fut trompée et qui apprit au duc de Savoie combien il faut peu compter sur les promesses des grands monarques. Le roi envoya en Piémont Brissac, grand-maître de l'artillerie, avec le titre de gouverneur général. Ces fonctions étaient occupées par le maréchal prince de Mulphe, vieillard septuagénaire et accablé d'infirmités. La duchesse de Valentinois, qui voulait disposer de ses charges au profit de Brissac, lui fit conseiller, par l'abbé de Saint-Victor, son fils, de donner sa démission pour passer en repos les derniers jours de sa vie. Le connétable de Montmorency, de son côté, engagea le roi à envoyer de Gordes auprès du prince pour le visiter sous le prétexte de sa santé. De Gordes avait la mission secrète du connétable de l'amener à se démettre en faveur de Châtillon, neveu de Montmorency, le même qui fut dans la suite colonel général de l'infanterie française et amiral de France, sous le nom de Coligny. Mais il se trouva que *la femelle avait été à ce coup plus fine et plus diligente que le mâle.* De Gordes arriva trop tard, et de Brissac succéda au prince de Mulphe.

Brissac, au commencemènt du mois d'août, se mit en route pour le Piémont, accompagné d'une noblesse nombreuse. A la descente du Mont-Cenis, il apprit que le prince de Mulphe était à toute extrémité. Il se rendit promptement auprès de lui et arriva au moment où il expirait. Le roi lui accorda le titre de maréchal de France que le prince laissait vacant par sa mort. A peine entré à Turin, il reconnut que la guerre était inévitable, et elle ne tarda pas à s'engager en effet. De Gordes venait d'être nommé gouverneur de la place et du territoire de Mondevis (Mondovi [1]) ; il assista au conseil que le maréchal réunit auprès de lui pour délibérer sur la manière d'ouvrir les hostilités. La campagne commença, au mois de septembre 1551, par la prise de Quiers, à laquelle de Gordes assista, ainsi que La Mothe-Gondrin, que nous retrouverons plus tard en Dauphiné.

Pour parvenir plus aisément à surprendre l'ennemi, M. de Vassé, gouverneur du marquisat de Saluces, reçut l'ordre de s'emparer de Saint-Damian, petite ville appartenant au duc de Mantoue, et de Gordes celui d'aller assiéger le château de Queiras, dont la garnison,

---

1. Il succéda à Charles de Droz, Piémontais, *homme de guerre et de bon esprit*. Le gouvernement de Mondevis comprenait, non-seulement la ville proprement dite, mais tout le mandement qui était très-étendu et qui renfermait d'autres places fortes de moindre importance, comme Roque de Bau, etc. Charles de Droz fut tué en 1544, à la bataille de Cérisoles. Depuis sa mort, il n'avait pas été remplacé.

forte de huit cents hommes, était toute dévouée au parti impérial. De Gordes divisa sa petite armée en deux corps qui devaient tenter l'assaut à la fois et sur deux points différents, au signal qui serait donné par des fusées parties de son camp. Il fut exact au moment convenu ; il fit partir ses fusées et attendit vainement le signal correspondant de ses compagnons. Voyant le jour s'approcher sans que ce signal parût, il résolut de tenter la fortune sans eux, mais il fut vigoureusement repoussé et contraint de battre en retraite ; ce qu'il fit néanmoins avec une contenance si hardie que les assiégés n'osèrent sortir de leurs murs et se mettre à sa poursuite. Malgré cet échec, sa conduite fut hautement louée, et le maréchal reconnut que, si la ville n'avait pas été prise, la faute en était uniquement au 2e corps chargé de diviser les forces des assiégés et qui avait manqué au rendez-vous, *s'étant trop amusé à déjeuner.* Néanmoins, quelque temps après, on ne craignit pas de reprocher à de Gordes son insuccès devant cette place, en accusant sa témérité qui avait follement exposé ses soldats, ajoutant que, s'il eût fait son devoir, les choses se seraient mieux passées. De Gordes, indigné, demanda à confondre ses calomniateurs. Le maréchal le consola et imposa silence, *sous peine capitale,* aux auteurs de ces indignes propos, *sachant bien quel homme d'honneur était ledit sieur de Gordes.*

Quelque temps après, il reçut l'ordre de quitter momentanément Mondevis et de se rendre auprès du comte de Beine, qui réclamait des secours, craignant d'être assiégé et faisant entendre que la place qu'il commandait était en mauvais état et incapable de résister à un assaut. De Gordes avait pour mission de rassurer le comte, de reconnaître ce dont la forteresse avait besoin et d'y pourvoir. Il partit immédiatement. Par ses paroles et ses sages mesures, il rendit au comte son courage et son assurance; puis il le quitta en lui promettant de se porter rapidement à son secours s'il venait à être attaqué. En retournant à Mondevis, il rencontra vingt-cinq chevaux et cinquante arquebusiers espagnols sortis de la place de Foussan *pour aller à la busque;* il fondit sur eux.sivivement qu'ils lâchèrent pied et furent tués, à l'exception de quelques-uns. Le chef qui les conduisait fut reconnu pour un transfuge de Beine, et de Gordes le livra au comte, qui le fit pendre en punition de sa trahison. Cet acte de juste sévérité faillit amener de graves représailles de la part du général ennemi, don Ferrand, qui menaça de faire subir le même traitement aux prisonniers qui tomberaient entre ses mains. Les explications fermes et loyales du maréchal empêchèrent l'affaire d'aller plus loin.

Pendant l'année 1552, la place que commandait de Gordes fut plusieurs fois assiégée, notamment par Luc de la Coste, comte de la Trinité et frère du comte de Beine, qui servait l'empereur et commandait une troupe, *non de soldats, mais de brigandeaux.* Toutes ces attaques furent repoussées avec cette ardeur que les soldats puisaient dans l'exemple de leur chef, toujours le premier à courir au danger et à s'exposer au plus fort de la mêlée. Dans les intervalles de repos que lui laissaient les entreprises des ennemis, il ne cessait de veiller aux intérêts de son pays. Ainsi, ayant appris que le sieur de la Chiuza, qui commandait une position assez forte et voisine de Mondevis, était sollicité de quitter le parti de la France, par suite de quelques sujets de mécontentement, de Gordes en avertit le maréchal et parvint à conserver un allié qui rendit depuis d'importants services.

Une bourgade appelée la Marsaglia, assez bien fortifiée, contenait une garnison qui ravageait continuellement les environs. C'était en outre une position avantageuse pour arrêter les entreprises des ennemis. De Gordes s'en rendit maître, le 3 mars 1552, et la garnison fut faite prisonnière de guerre. Les Espagnols, que la perte de cette place contrariaient vivement, projetèrent de la reprendre. De Gordes alla au-devant d'eux avec une poignée d'hommes et les força à la retraite. Le capitaine Laval, lieutenant de de Gordes, se fit remarquer dans cette occasion par sa bravoure.

Quelque temps après, il s'empara de Sèbe et y laissa le sieur de Barré pour conserver la place. Les ennemis cherchant à y rentrer, le maréchal s'y transporta lui-même accompagné de la Mothe-Gondrin. L'ennemi fut battu et le maréchal ramena à Turin les canons qui avaient servi à MM. de Gordes et de Barré pour la prise de la ville.

Revenu en France quelques mois après, il y épousa, comme je l'ai déjà dit, Guigonne Alleman. Tous deux s'aimaient depuis longtemps, mais les circonstances avaient jusqu'alors retardé leur union. Ce mariage se célébra avec un certain éclat au château de La- val. Un grand nombre de parents et d'amis vinrent lui apporter leurs félicitations et leurs vœux pour son bonheur. Tout lui souriait alors. Jeune encore et déjà célèbre par ses exploits, pouvant prétendre, par sa famille, par son alliance, par sa bravoure, aux plus hautes distinctions, il semblait que la fortune prît plaisir à le combler de ses faveurs. Il devait plus tard expier ce bonheur passager; le temps des cruelles épreuves n'était pas loin.

En 1553, de Gordes fit partie, comme capitaine de cinquante hommes d'armes, de l'armée réunie pour porter secours aux princes d'Allemagne, que le roi d'Espagne cherchait à soumettre à sa domination. Mais comme cette armée allait franchir le Rhin, l'em- pereur, par d'adroites concessions, calma les ressen- timents de tous ces princes germains, qui envoyèrent supplier le roi de France de ne pas s'avancer plus loin. Néanmoins, nos troupes occupèrent Metz, Toul, Ver- dun et Rocroy. Metz fut fortifié avec soin, et le comte de Gonnort, frère du maréchal, y fut laissé comme gouverneur. Depuis ce temps, cette ville n'a pas cessé d'appartenir à la France, malgré les tentatives de Charles-Quint pour la reprendre. De Gordes retourna alors dans son gouvernement de Mondovi où, en 1554, de concert avec Bonnivet, il s'empara de plusieurs places et châteaux environnants, dont les garnisons, par leurs fréquentes sorties, ravageaient le pays. Il se rendit maître, entre autres, d'un château nommé la Bastide, que défendait le comte de la Trinité, dont nous avons déjà parlé. Les fortifications de ces diverses places furent rasées et les garnisons envoyées en France comme prisonnières de guerre.

Vers la fin de mars de cette année 1554, de Gordes demanda un congé pour venir en Dauphiné remettre un peu d'ordre dans ses affaires qui souffraient de sa longue absence. Depuis son mariage, deux enfants lui étaient nés. Le premier était mort quelques mois après sa naissance, en 1553. L'année suivante, il en avait eu un second, Gaspard, qui périt d'une manière si glorieuse sur le champ de bataille, et dont la mort frappa le cœur de son père d'un coup si douloureux qu'elle hâta la fin de ses jours. Il n'avait pas encore vu cet héritier de son nom, cet enfant qui devait si bien marcher un jour sur les traces de son père. D'autres intérêts majeurs réclamaient encore sa présence. Ce congé ne put lui être accordé. Le maréchal estimait trop ses services pour s'en priver ainsi, et de Gordes dut faire à son pays et à son roi le sacrifice de ses affections et de ses intérêts particuliers.

Cependant, le maréchal, sans cesse harcelé par les troupes espagnoles, sollicitait avec instance des renforts, qui ne lui étaient pas envoyés. Il se décida à faire partir de Gordes pour en hâter l'envoi et pour entretenir le roi d'affaires importantes. De Gordes revint en Piémont avec la promesse d'un puissant secours qui devait être expédié et qui ne le fut pas.

Deux mois après son retour, il fut nommé au commandement d'une compagnie de chevau-légers, sans

cesser cependant de conserver le gouvernement de
Mondovi. En 1555, il fut appelé à un conseil que rassembla le maréchal de Brissac, afin d'aviser aux difficultés que suscitait le défaut d'argent pour payer
les Suisses à la solde de la France et pour obtenir des
renforts, car les troupes françaises en Piémont étaient
bien affaiblies. Elles avaient tenu la campagne l'hiver
et l'été; les maladies et les combats avaient considéra-
blement diminué leur nombre.

En 1556, nommé commandant d'une compagnie de
gens d'armes, il cessa d'être gouverneur de Mondovi,
qui resta longtemps sans chef; car, en 1558, le maréchal s'en plaignit au roi, et, par provision, y plaça le
sieur Laval, auquel succéda bientôt le sieur du Peloux.
Quoique la cour eût donné au maréchal de Brissac le
pouvoir de nommer les gouverneurs des places, il recevait souvent, dit de Thou, des mortifications à ce
sujet. C'est ce qui arriva dans cette circonstance. Laval, beau-frère de de Gordes, nommé par Brissac, fut
obligé de se retirer, quoiqu'il méritât la distinction dont
il avait été l'objet. Cette conduite de la cour, où l'intri-
gue a toujours eu plus de puissance que le mérite, finit
par attirer sur le maréchal une sorte de déconsidération
et lui fit perdre l'estime et la confiance des troupes.

En 1557, Philippe II, roi d'Espagne, ayant mis dans
ses intérêts la reine Marie d'Angleterre, fit envahir la
Picardie. Une armée de soixante mille hommes, sous
les ordres d'Emmanuel-Philibert, duc de Savoie et
gouverneur des Pays-Bas, vint assiéger la ville de
Saint-Quentin, qui était la plus forte place de la fron-

tière, mais qui se trouvait alors dans un état de défense déplorable, ses fortifications ayant été négligées
depuis longtemps. L'amiral Coligny accourut à son
secours et parvint à y pénétrer avec quinze cents
hommes, en forçant les lignes des Espagnols. Anne de
Montmorency rassembla à la hâte une armée de vingt-
cinq mille hommes et tenta de débloquer la place. Ses
troupes furent chargées si brusquement par le duc de
Savoie et le comte d'Egmont, qu'elles eurent à peine le
temps de se ranger en bataille et qu'elles furent mises
en déroute. Le connétable lui-même, entraîné trop
imprudemment au milieu des Espagnols par sa valeur
accoutumée, fut blessé, renversé de cheval et fait prisonnier. Néanmoins, il atteignit en partie son but, qui
était de faire entrer dans Saint-Quentin un secours de
mille hommes, sous la conduite de Dandelot, frère de
Coligny. Il y avait joint un certain nombre de ses meilleurs officiers, parmi lesquels se trouva de Gordes, qui
n'avait pas oublié le mot célèbre de Bayard au sujet
de la défense de Mézières. De Gordes fit partie, comme
capitaine en second, de la compagnie que commandait
Coligny lui-même qui dirigeait les opérations de la
défense, et il se signala par des prodiges de valeur. Sa
compagnie fut constamment postée aux endroits les
plus périlleux, au point que presque tous les soldats
qui la composaient furent tués sur la brèche dont la
garde lui était confiée, et qu'il resta, lui douzième, à la
fin de l'assaut qui décida de la perte de la place. Il
passa même pour mort, lorsque l'amiral eut été fait
prisonnier. Coligny et M. de la Châtre, dans leurs

mémoires, ont dit qu'il périt dans cet assaut, mais il fut relevé criblé de blessures et, quelques mois après, il était complétement rétabli [1].

En 1559, de Gordes reparaît sur la scène, envoyé par le roi au maréchal de Brissac, sous les ordres duquel il avait déjà servi quelques années en Piémont. Il était chargé, pour son ancien chef, de divers messages et de vagues promesses d'envois d'argent afin de payer les soldats, éternel sujet de plaintes dans toutes ces guerres. Les finances étaient en mauvais état en

---

1. On a essayé de contester la présence de de Gordes à ce siége mémorable, malgré la relation de Coligny lui-même qui, fait prisonnier lors de la prise de la ville, a écrit dans sa captivité le récit de la défense de Saint-Quentin, et qui cite le capitaine de Gordes à plusieurs reprises On s'est appuyé, pour faire prévaloir cette opinion, d'abord sur ce que Coligny dit que le capitaine de Gordes fut tué sur la brèche. Mais l'amiral n'a-t-il pas pu être trompé par un faux bruit? De Gordes, grièvement blessé, n'a-t-il pas pu passer pour mort, et néanmoins s'être rétabli de ses blessures? Combien de fois de semblables choses ne se sont-elles pas vues de nos jours? Coligny, prisonnier, ne s'est-il pas trouvé dans l'impossibilité d'être bien renseigné? La deuxième raison alléguée est la traduction de l'histoire de de Thou, traduction qui cite à la place de de Gordes un capitaine *Gourde*. Mais qu'est-ce que cela prouve, sinon que la traduction a été mal faite, car M. de Thou se sert partout du mot *Gordius, cum Gordii cohorte, Gordius cohortis dux*, etc., et en parlant plus tard de de Gordes lui-même, il ne le désigne que par le mot de *Gordius*. Pourquoi donc le traducteur a-t-il écrit *Gourde?* N'est-il pas naturel de croire que le connétable dont de Gordes était le lieutenant et qui fit entrer dans la place, comme nous l'avons dit, un certain nombre de ses meilleurs officiers, leur adjoignit aussi son lieutenant dont il avait pu souvent apprécier le mérite? Je ne crois pas que cette opinion puisse être sérieusement combattue.

France. Les grands seigneurs aidaient encore à leur
dilapidation, et les armées en pays étranger, réduites
parfois à de cruelles privations, se dédommageaient en
coullant la scolte, c'est-à-dire en maraudant et pillant.
De Gordes arriva au camp du maréchal le 14 juillet.
Celui-ci, qui s'attendait à d'autres choses qu'à de nouvelles promesses, monnaie dont on le payait depuis si
longtemps, se répandit en plaintes amères. Il demanda
à de Gordes ce qu'il ferait à sa place, l'argent man-
quant pour fournir des vivres aux soldats, pour payer
les gouverneurs des places et les capitaines des compagnies de pied et de gens d'armes, pour leur rembourser
au moins ce qu'ils avaient avancé de leur argent afin
de subvenir à l'entretien de leurs troupes. De Gordes
n'osa pas lui dire ouvertement ce qu'il ferait, le respect
enchaîna sa parole, mais il montra plus tard, par deux
fois, dans des circonstances semblables, ce que peut, ce
que doit faire un homme de cœur sincèrement animé
de l'amour de son pays. En présence, lui aussi, des
plaintes de ses officiers et de ses soldats qui réclamaient leur solde arriérée, il n'hésita pas à faire le sacrifice de tout ce qu'il possédait, à vendre même son
argenterie afin de les payer et de conserver à son pays
des troupes utiles à sa défense. Il se contenta, dans
cette occasion, de plaindre le maréchal et de l'encourager à faire prendre patience à ses troupes.

Peu de temps après, le connétable de Montmorency,
prisonnier des Espagnols, comme nous l'avons dit,
avait obtenu la liberté de revenir en France sur parole.
De Gordes s'empressa d'accourir à sa rencontre pour

le féliciter. De Paris, il écrivit à Gonnort, frère du
maréchal de Brissac, le récit d'un long entretien qu'il
avait eu avec le roi, au sujet des affaires du Piémont.
Dans cette entrevue, de Gordes s'oublia entièrement
pour ne songer qu'à faire valoir les services de ses
compagnons d'armes, et particulièrement ceux de Gonnort qui s'était fort distingué dans un combat remarquable que Duvillars appelle *la demi-bataille par lui
donnée à Cerisoles* et dont tout l'honneur devait lui
revenir.

La même année, la démolition des fortifications de
Mondovi et de plusieurs autres places rendues par le
traité de Paris, fut ordonnée par le roi. Quatre cents
pionniers furent expédiés à cet effet du Dauphiné,
mais on n'envoya pas d'argent pour les payer. « C'était
parler de la maladie, dit du Villars, en oubliant la mé-
decine qui la devait guérir. Pour apaiser la faim et la
misère, il faut autre chose que nappe blanche, et jamais
le vent et les ondes n'ont servi de registres et d'assu-
rances aux promesses. » C'était toujours le même
système. On exigeait des soldats un service pénible et
le sacrifice de leur vie, on oubliait de leur donner les
vêtements et les vivres nécessaires. Pourvu que les
courtisans vécussent dans l'abondance, qu'importait
le sort de ceux qui veillaient sur leur sûreté et l'honneur du pays! De là les pillages, de là l'insubordination,
fréquente alors dans les armées, qui rendait si pénible
et si difficile la position des généraux et qui compromit
plus d'une fois des succès qu'une administration plus
sage et plus juste aurait rendus complets et décisifs.

En 1561, le roi, désirant donner à de Gordes une marque de son estime, le créa chevalier de Saint-Michel,
le 7 décembre, à Saint-Germain. L'ordre de Saint-
Michel ne s'accordait alors qu'aux seigneurs d'une haute
naissance et qui avaient rendu de grands services à
l'État. Peu de temps après, il fut nommé gentilhomme
de la chambre du roi et conseiller en son conseil privé.

En 1562, de graves désordres avaient éclaté dans le
Midi. Des commissaires y furent envoyés pour sévir
contre les coupables. La manière dont ils exécutèrent
leur mandat épouvanta les villes d'Arles et de Marseille,
qui, comprenant bien que si ces commissaires entraient
dans leurs murs, — de ce qu'elles étaient maintenant
en paix et concorde, tout irait mal, — envoyèrent une
députation à Paris pour obtenir du roi d'être dispensées
de la visite de ces redoutables pacificateurs. — Sa
Majesté, inclinant libéralement à leur juste requête,
exempta mesdits sieurs de Marseille de tel inconvénient,
et à messieurs d'Arles manda monseigneur le baron
de Gordes, chevalier de l'ordre de Sa Majesté et lieutenant de ce grand et chrétien connétable, lequel seigneur de Gordes, pour être tant sage et expérimenté
et pour être encore de la *nation provençale* (1), y fut
fort honorablement reçu et accepté. Puis, y ayant
fait quelque séjour et trouvé les affaires bien disposées,
après avoir laissé la cité bien munie et gardée de quel-

_____

(1) Nous avons déjà dit que la famille de de Gordes était originaire de Provence.

ques compagnies faites entre eux, et entre autres d'une
sous la charge du sieur Nicolas d'Aiguières, capitaine,
se retira à sa maison de Gordes, et de là à Grenoble,
à sa maison de Laval [1]. — La douceur et la modération
de de Gordes commencent à se faire remarquer, qualités d'autant plus admirables qu'elles étaient à peu
près inconnues à cette époque de fanatisme et d'exaltation. Que l'on suppose Montluc ou des Adrets chargé
d'une semblable mission, et que l'on compare la manière dont ils auraient agi avec la conduite de de Gordes.
Nous aurons plus d'une fois occasion, dans le cours de
cette notice, d'attirer l'attention sur le contraste frap-
pant du caractère de de Gordes avec celui des principaux
chefs militaires de son temps, soit réformés, soit
catholiques. Ce contraste est tel, que l'on se demande
avec étonnement comment cet homme, si ardent à la
guerre, a pu allier tant de bravoure avec tant d'humanité et résister constamment à la fièvre de sang qui a
fait commettre à cette déplorable époque un si grand
nombre de cruautés inutiles.

Deux ans plus tard, en 1563, mourut le maréchal de
Cossé-Brissac, sous lequel de Gordes avait servi avec
éclat en Piémont. « Ce fut un des plus grands généraux
que la France ait jamais eus. Il le fut dans tous les
temps et surtout dans la guerre du Piémont. Entre les
justes éloges dus à son rare mérite, on est convenu
en France, comme dans les pays étrangers, qu'il a sur-

1. Louis de Perussiis. *Discours des guerres de Provence.*

passé de beaucoup tous les généraux français qui ont fait la guerre en Italie, et par les heureux succès de ses entreprises et par la prudence avec laquelle il sut conserver ses conquêtes. » (De Thou). Il mourut à 56 ans.

Nous voilà arrivés à l'époque la plus importante et la plus remarquable de la carrière de de Gordes. Jusqu'à présent, sa vie s'est écoulée dans les camps, sur les champs de bataille, versant généreusement son sang pour son pays, et ne demandant que la gloire pour prix de ses services. Jusqu'à présent, il n'a eu que des étrangers à combattre ; maintenant il va lutter contre des compatriotes, bien autrement cruels et acharnés que les étrangers. Il lui faudra refouler dans son cœur de douloureuses impressions, de nobles indignations, de légitimes ressentiments. Pour le bien de son pays, ou pour ne pas obéir à de tristes susceptibilités, il lui faudra encourir des haines ardentes qui en voudront même à sa vie, résister parfois à des ordres iniques et, après avoir vaincu glorieusement sur le champ de bataille, demander presque pardon à la cour pour sa modération à épargner des vaincus désarmés. Pendant treize ans, la lutte continuera pour lui presque sans trêve et sans repos ; il y perdra deux de ses fils et le mari de sa fille ; il finira par y perdre la vie lui-même, terrassé par la fatigue et le chagrin, abreuvé d'amertume par ceux dont il aura été le sauveur, et doutant presque de la justice de la postérité.

Depuis plusieurs années déjà, les discordes religieuses avaient envahi le Dauphiné, et d'un bout de la province à l'autre, les nouvelles doctrines s'étaient répandues avec une funeste rapidité. Les esprits y étaient préparés depuis longtemps. Déjà, au XIIe siècle, Pierre de Vaud avait levé l'étendard de la révolte et poussé un cri dont l'écho retentissait encore. Retirés dans quelques vallées du Piémont et du Haut-Dauphiné, les Vaudois s'y étaient constamment maintenus, malgré les persécutions et les bûchers. Au XVe siècle, le diocèse de Valence en renfermait encore un nombre considérable. Le souvenir des maux qu'ils avaient soufferts et de la froide cruauté de leurs bourreaux subsistait aussi vivace que jamais, et il ne fut pas difficile aux protestants de les attirer à eux, de les *calviniser*, comme l'a dit Bossuet. Aussi la province du Dauphiné fut-elle des premières en France à embrasser la nouvelle croyance et à prendre les armes pour la soutenir. L'aspiration de l'esprit humain vers la liberté de la pensée n'avait pas cessé de faire des progrès, et la découverte de l'imprimerie, en multipliant les moyens d'instruction, en les mettant à la portée d'un plus grand nombre, avait fait naître ce grand travail des esprits qui, à la voix de Luther et de Calvin, produisit ce triste déchirement de l'Eglise catholique et ces déplorables guerres civiles qui en ont été les suites. Le relâchement du clergé était tel depuis de longues années, que tout le monde sentait le besoin d'une réforme. Le concile de Constance l'avait déjà proclamé, et le concile de Trente fit plus tard de cette réforme l'objet principal de ses décisions [1]. Ce relâchement était si grand et si évident, que Bossuet lui-même n'a pas craint de dire que le protestantisme en fut une punition terrible.

Pendant près de trente ans, la situation du Dauphiné fut affreuse. Il devint en proie, je ne dirai pas à une guerre, mais à des fureurs dont on ne se fait pas une idée de nos jours, et dont nos dernières guerres de la Vendée et de la chouannerie n'ont été qu'une image bien affaiblie. L'antiquité n'avait pas connu ces horribles excès. Le sentiment de la patrie, que les anciens n'avaient jamais séparé de la religion, disparut complètement, étouffé en France par les convictions religieuses. Ce ne fut pas une guerre comme les autres; pas de ces grandes batailles qui décident en quelques heures du sort d'un empire, mais des combats multipliés et sans gloire; des châteaux, des villages fortifiés, de petites villes, pris, repris, incendiés, rebâtis et repeuplés pour être saccagés de nouveau. A chacun de ces mille assauts, des cruautés inouïes; pas de quartier pour les soldats; les femmes et les filles violées et massacrées, les hommes égorgés ou, s'ils étaient de condition plus relevée, gardés dans l'espoir d'une rançon. Partout l'anarchie, l'indiscipline et le pillage. Plus de commerce et d'industrie; les denrées nécessaires à l'alimentation de la population se vendaient à un prix

---

1 Le concile de Trente fixa le dogme de l'église catholique, lança l'anathème contre les dissidents et fit d'utiles règlements pour la réforme de l'église romaine (Bouillet).

exorbitant par suite de leur rareté; aussi la famine
se faisait-elle cruellement sentir, et à ses horreurs se
joignirent, à diverses reprises, celles de la peste qui
achevait ceux que la famine ou la guerre avait épargnés.
Et tous ces maux soufferts par tous les partis étaient,
hélas! sans aucun résultat. Dans ces luttes acharnées,
le succès ne pouvait pas s'appeler victoire, la patrie
y perdait ses enfants. Chacun sentait le besoin de
la paix, comprenait que la lutte ne devait aboutir à
rien d'utile, et cependant recommençait sans cesse la
guerre. Un historien du temps, La Noue, a dit qu'alors
en France, on n'était pas trois mois en guerre sans
parler de la paix, ni trois mois en paix sans parler de
la guerre. Chaque parti rejetait sur l'autre les atro-
cités commises et en commettait de plus horribles
encore, sous le triste prétexte de représailles per-
mises. La voix des chefs était le plus souvent mé-
connue, car il est facile d'exciter une sédition, il ne
l'est pas de l'arrêter, et, quand les passions ont fait des
hommes une sorte de bêtes féroces, nul n'est capable
de prévoir les excès auxquels ils peuvent se porter.

A cette époque à jamais déplorable, il n'était pas
permis de rester indifférent. Tous les habitants devaient forcément être huguenots ou papistes. Les
familles étaient divisées; de mortelles inimitiés avaient
remplacé les sentiments les plus doux. Dans les ré-
gions élevées, de tristes scandales avaient eu lieu,
des princes de l'Eglise, des princes de l'Etat, avaient
renié la foi de leurs pères pour embrasser les idées
nouvelles, et des mains accoutumées à bénir avaient

quitté la croix pour prendre l'épée et répandre le sang.

Voilà ce que le Dauphiné a vu pendant ces longues et funestes années, voilà ce que nous ne verrons plus, grâce au ciel et à cette civilisation que les larmes et le sang de nos pères ont cimentée.

La politique, au reste, ne fut pas étrangère aux progrès de la Réforme. Les seigneurs laïques espérèrent, en la favorisant, abaisser la puissance des seigneurs ecclésiastiques dont ils étaient jaloux. Sur un théâtre plus relevé, l'ambition des grands du royaume et de Catherine de Médicis aida encore à son développement et prolongea la durée des guerres religieuses.

Comme un rayon de soleil dans ce sombre tableau, nous voyons planer la grande et belle figure de de Gordes. Catholique zélé et sincère, aimant et servant sa religion, mais n'ayant pas oublié sa patrie; ferme, impartial, intrépide sur le champ de bataille et généreux après la victoire, préférant les voies de la douceur et de la persuasion à la violence et à la contrainte, pleurant le sang versé, car c'était du sang français, gémissant sur les dévastations et les crimes commis au nom de la religion, n'épargnant ni veilles, ni sacrifices pour calmer les esprits et arriver à cette union, à cette paix sérieuse, but constant de ses désirs et de ses efforts. Son patriotisme éclairé lui faisait braver les haines particulières et les disgrâces de la cour; toujours prêt à se dévouer personnellement, il eût volontiers donné sa vie et même sa réputation, son bien le plus cher, pour le bonheur de ses compatriotes. Mais ses nobles

efforts étaient sans cesse paralysés par la fougue des uns
et la mauvaise foi des autres, et le torrent l'entraînait,
malgré son énergie à lui résister.

Quoi qu'il en soit, le nombre des protestants n'avait
fait que s'accroître. Des chefs puissants par le nombre
de leurs vassaux et leur bravoure, comme des Adrets,
Lesdiguières et Montbrun, combattaient à leur tête. Maîtres d'un grand nombre de villes et de places fortifiées,
ils luttaient avec avantage contre les catholiques, ne ces-
sant de réclamer, les armes à la main, la liberté de leur
conscience et le droit de prier Dieu à leur manière.

Telle était la situation du Dauphiné quand de Gordes
fut chargé de remplacer Maugiron comme lieutenant
général du roi [1].

Laurent de Maugiron s'était distingué dans ces
guerres du Piémont où de Gordes avait paru lui-
même avec tant d'éclat. Ardent catholique, tout
dévoué aux Guise, par son zèle outré, il avait profondément irrité la population réformée du Dauphiné,
ce que Chorier appelle *s'être montré un peu trop cha-
leureux pour l'intérêt des catholiques.* La cour s'était
vue forcée de le révoquer de ses fonctions. L'entrée

---

1. La condition particulière de la province rend cet emploi
l'un des plus honorables de sa sorte, à cause qu'elle donne son
nom aux fils aînés des rois de France et qu'elle a presque toujours pour gouverneur un prince du sang qui, ne bougeant de la
cour, ou venant rarement dans le pays, fait que le lieutenant général y paraît avec d'autant plus d'éclat qu'il n'est point offusqué
par une plus grande lumière. (VIDEL).

de de Gordes en cette charge fut accueillie avec faveur par les catholiques sincères comme par les protestants. On connaissait son caractère ferme et conciliant, son humanité, sa justice et sa bravoure.

De Gordes se rendit promptement en Dauphiné. Il trouva au Buis le premier président Truchon. Il commença par rétablir l'exercice du culte catholique au Buis et à Nyons, ainsi que dans les localités voisines, ensuite il vint à Grenoble. La peste, qui y régnait, en avait chassé le parlement, de sorte qu'il ne put faire enregistrer ses provisions immédiatement. Aussi ne fit-il que traverser la ville et il se rendit au château de Laval, qui appartenait à sa femme. Il y reçut la visite du baron des Adrets, ennemi de Maugiron et qui désirait, dans la position qu'il s'était faite, se mettre bien dans l'esprit du nouveau gouverneur.

Quelque temps après, la peste ayant cessé ses ravages, le parlement rentra dans Grenoble. De Gordes lui fit présenter ses lettres de provision par Briançon l'aîné, et le premier président en facilita l'enregistrement. Maugiron, profondément blessé de son remplacement, malgré les dédommagements qu'il avait reçus de la cour, avait préparé, avec l'aide de ses amis, de secrets empêchements à la reconnaissance de de Gordes. Ce dernier néanmoins fit son entrée dans Grenoble le 12 février 1565. Il prêta serment en personne et présida l'audience publique deux jours après. « Les premières opinions que l'on fait concevoir de soi dans les grands emplois, dit Chorier, s'effacent difficilement et sont la plus certaine cause du bonheur ou du malheur

de ceux qui en sont revêtus. » De Gordes ne négligea
rien pour justifier, dès les premiers jours de son entrée
en fonctions, la réputation brillante qu'il s'était depuis
longtemps acquise.

En 1566, il se rendit à Moulins pour assister à
une assemblée convoquée dans cette ville par le roi
Charles IX. Cette réunion compta parmi ses membres le
premier président Truchon, le maréchal de Vieilleville,
Jacques de Crussol, le comte de Villars, Montluc, le
maréchal de Bourdillon, les évêques de Valence, d'Or-
léans et de Limoges ; de Thou, premier président de
Paris ; Pierre Séguier, Dafis de Toulouse, Largebaston
de Bordeaux, La Fare de Dijon, Fournau, deuxième
président d'Aix ; le cardinal de Bourbon, les princes de
Condé, de Montpensier, le prince-dauphin son fils, les
cardinaux de Lorraine et de Guise, les ducs de Lon-
gueville, de Nemours, de Nevers, le connétable de
Montmorency, ses trois neveux de Coligny, Saint-
Gelais et le comte de Chaulnes. On y rédigea le célèbre
édit de Moulins, publié au mois de février, qui a eu
longtemps une grande autorité dans le royaume. Il
confirma en partie les édits précédents donnés pour
régler la justice, abréger les procès et pourvoir à la
tranquillité publique. Le roi chercha aussi à profiter
de cette occasion pour réconcilier entre eux les Coligny
et les Guise, ainsi que quelques autres grands de son
royaume. Aucun n'osa résister à ses ordres et à ses
prières ; mais ces réconciliations furent peu sincères.,
Après une absence de près d'un mois, de Gordes revint
en Dauphiné.

A force de prudence, de sagesse et de modération, il parvint à maintenir le calme dans la province jusque vers les premiers mois de 1567. Le Dauphiné respira un moment, quoique chacun prévît bien que cette trêve ne serait pas de longue durée. Les protestants se plaignaient amèrement de n'avoir pas obtenu tout ce qu'on leur avait promis; les catholiques murmuraient hautement des concessions faites à leurs adversaires. De là, malgré l'espèce de paix qui existait, des plaintes, des provocations, des luttes partielles qui exigeaient, de la part de de Gordes, une activité, une prudence, une fermeté admirables. Grâce à ses sages mesures, ce semblant de paix se prolongea près de deux ans, et le pays jouit d'une sorte de tranquillité qu'il ne connaissait pas depuis plusieurs années.

Mais si les protestants se plaignaient, tout en n'osant pas se soulever encore, les ennemis catholiques du nouveau lieutenant général ne s'endormaient pas non plus. De Gordes savait que Maugiron, qui ne pouvait se consoler de sa disgrâce, avait organisé une espèce de ligue offensive et défensive contre lui avec Guillaume de St-Marcel, archevêque d'Embrun, le comte de Suze, Alleman Pasquiers, seigneur de Pasquiers, Charles de Moustiers, seigneur de Ventavon, appelé communément le Monestier, et quelques autres. Il n'ignorait pas qu'il avait fait proposer, par l'archevêque, au capitaine Hercule Cassard, qui faisait partie de sa compagnie de gens d'armes, de s'emparer, par surprise, du fort de la Buissière, commandé par de Salvaing. Mais Cassard était l'ami de Salvaing et,

quoiqu'il eût pu réussir facilement dans cette entreprise, il ne voulut pas user de perfidie, surtout envers
un ami. Enfin, dans son ressentiment, Maugiron
chercha même à faire périr de Gordes; celui-ci,
averti avec les plus grands détails de toutes ces
menées, ne se laissa pas émouvoir. Il ne prit aucune
précaution apparente pour conjurer le danger qui
menaçait sa personne. Les lieutenants généraux du
roi en Dauphiné n'avaient pas alors des gardes pour
veiller sur eux; il ne songea pas un instant à en
prendre. Sa maison fut, comme par le passé, ouverte
à tous ceux qui voulurent l'entretenir; il sortit comme
à l'ordinaire, parcourant presque seul les rues de la
ville. Il assista également à une procession générale
qui eut lieu, le **21 juin**, pour remercier Dieu de la
protection qu'il avait accordée à Grenoble dans les
circonstances fâcheuses des années précédentes. Il
avait voulu d'abord s'opposer à cette manifestation
qui, en exaltant certaines idées d'un parti, pouvait
paraître injurieuse et blessante à l'autre. Mais les
conseils du premier président et le désir d'éviter une
répression qui eût amené de plus grands désordres,
le décidèrent à y consentir. Il prit néanmoins les
précautions les plus sages pour empêcher le fanatisme
des exaltés, dans les deux partis, de faire d'une
cérémonie pieuse et en apparence convenable, une
occasion d'émeute et de désordres. La procession
eut lieu avec une grande magnificence et le concours de toutes les autorités, qui s'y rendirent en
corps. Les rues furent pavoisées et jonchées de fleurs

et les cloches des églises sonnèrent à toute volée. Guillaume de Saint-Marcel y assista avec François de Saint-Marcel, évêque de Grenoble. De Gordes y parut à côté du premier président Truchon. Nul n'osa manifester contre lui le moindre sentiment hostile; il rencontra chez tous respect et estime, et cette procession, que ses ennemis avaient considérée comme une occasion favorable de faire naître quelques désordres et peut-être même de se débarrasser de lui à la faveur du tumulte, ne servit qu'à faire éclater le calme et la fermeté courageuse du nouveau gouverneur. Aussi les conjurés renoncèrent-ils, pour un temps du moins, à l'exécution de leurs secrets desseins.

Cependant la paix, un moment établie entre les catholiques et les protestants, ne devait pas durer. La procession dont je viens de parler, présentée par les catholiques comme une célébration de leur triomphe, n'avait fait qu'accroître la colère et le ressentiment des protestants. Elle fut regardée par eux comme une provocation et, dans les temps de crise, la modération est une vertu, la provocation un crime. De Gordes l'avait ainsi compris quand il s'opposa à cette manifestation. J'ai dit plus haut qu'il avait dû céder malgré lui à des considérations d'un autre ordre.

Le capitaine Furmeyer, chef renommé des réformés, fut tué dans Gap, au milieu d'une émeute. Les habitants de Freissinières, de leur côté, chassèrent leur curé, *plus ardent que zélé et plus zélé que sage*, et qui, pour convertir plus rapidement et plus sûrement ses paroissiens, les avait fait piller et maltraiter par

ses soldats. L'exercice du culte catholique, rétabli
par de Gordes dans Nyons et ses environs, fut de
nouveau supprimé par les capitaines la Coche et Pape
de Saint-Auban. A Saint-Marcellin, dans le Royannais,
à la suite de désordres graves, des églises avaient
été brûlées. Dans toutes les villes des Hautes-Alpes,
à la Mure, dans l'Oisans, à Valence, à Vienne, des
luttes sanglantes recommencèrent. Les édits qui con-
cernaient les catholiques et les protestants étaient
chaque jour ouvertement violés. Ainsi, il leur était
défendu de sortir en armes, d'en avoir des amas
déposés en divers lieux et de conférer publiquement
dans des réunions non autorisées. Néanmoins, tous
les jours des réunions semblables avaient lieu et
tous ne se montraient en public que bien et osten-
siblement armés. François de la Baume, comte de
Suze et Monestier, passèrent même la revue de leurs
compagnies, l'un dans Vienne et le second dans
Grenoble. De Gordes cependant comprit qu'il fallait
renoncer tout à fait à l'espoir de maintenir la paix,
s'il usait de rigueur et de sévérité envers les uns et
les autres. Afin donc de ne pas attiser le feu et de
peur de précipiter le dénouement de la crise, il crut
devoir sacrifier la considération de ce qui regardait
sa personne et user d'une sage dissimulation pour le
bien de la province. Les protestants lui avaient adressé
une requête, au sujet de certains articles de l'édit de
pacification, contre lesquels ils se montraient fort
irrités ; de leur côté, les catholiques, surtout Alleman
Pasquiers, avaient fait de leurs maisons des espèces

d'arsenaux pourvus d'armes, ce dont leurs adversaires se plaignaient. De Gordes ordonna à Mérieu, vibailli de robe courte, charge qui fut remplacée depuis par celle de prévôt des archers, de faire une perquisition dans la maison de Pasquiers. Celui-ci s'opposa à l'exécution de cet ordre, et Mérieu n'osa avoir recours à la force. D'autres luttes partielles attirèrent l'attention de de Gordes d'un autre côté, et la résistance de Pasquiers demeura momentanément impunie. De Gordes néanmoins usa constamment d'une réserve extrême dans cette situation si délicate, sans que sa dignité particulière et le bien de l'Etat eussent à en souffrir.

Dans le haut Dauphiné, l'état des esprits était encore plus alarmant. Les deux partis se trouvaient en présence, et l'irritation était telle que rien ne paraissait capable de l'apaiser. De Gordes résolut de se rendre sur les lieux et d'essayer de son influence personnelle pour dissiper l'orage prêt à éclater. Il partit de Grenoble, le 8 du mois d'août, accompagné du conseiller au parlement Severin Odoar et de quinze archers. Arrivé au Bourg-d'Oisans, il envoya chercher le ministre protestant, mais on ne put se saisir de sa personne. Il se rendit ensuite à Briançon, à Exilles, à Oulx, dans la vallée de Pragélas. Il obtint des habitants que chacun déposerait ses armes dans un lieu public et que les consuls seraient chargés de veiller sur elles, pour ne les remettre à personne sans un ordre du roi ou de lui-même. Il rétablit dans leurs églises plusieurs curés qui en avaient été chassés et fit célébrer la

messe en sa présence; mais les habitants refusèrent
d'y assister. Il se rendit ensuite à la Pérouse, à
Pignerol, et vint même jusqu'à Turin saluer le duc de
Savoie; il y fut reçu d'une manière brillante par le
duc et le nonce du pape, qui le félicita vivement de
la sagesse de ses mesures. De Turin, il revint en
France par le marquisat de Saluces, fief qui appartenait
alors au roi de France, comme faisant partie du
Dauphiné; il s'arrêta au Château-Dauphin, à Queyras,
dont la forteresse avait été ruinée par les dernières
guerres; de là il se rendit à Guillestre, à Saint-Crépin,
où il avait donné ordre aux consuls de Freissinières
de venir l'attendre. Un nouveau curé remplaça l'ancien, que les habitants avaient chassé, comme nous
l'avons dit, à cause de son intolérance. Montbrun
lui-même l'agréa et promit de ne pas chercher à le
molester. La peste désolait Gap et y faisait taire les
animosités particulières; dès lors la présence de de
Gordes y était inutile, aussi ne jugea-t-il pas à propos
de s'y rendre. Il descendit à Tallard, puis à Corps,
où il trouva Lesdiguières, des Molines, Pipet, d'Ambel
et de Saint-Maurice. Monestier et Ponsonas l'attendaient à la Mure; ce dernier l'accompagna jusqu'à
Laffrey et, par Vizille, de Gordes revint à Grenoble,
où il arriva le 30 du même mois.

Cette excursion produisit pour quelque temps
d'heureux effets. Les principaux chefs des protestants
avaient été charmés par ses manières affables, par
son langage plein d'aménité et de loyauté; chacun
avait rendu justice à ses sentiments de conciliation.

Si ses efforts n'eussent pas été entravés par ceux-là mêmes qui auraient dû les seconder, il est hors de doute que bien des collisions fâcheuses eussent été évitées, et que la paix se serait peut-être établie d'une manière sérieuse.

De nouveaux embarras l'attendaient à Grenoble. Si, d'un côté, la noblesse se montrait animée de louables sentiments de conciliation et de paix, de l'autre, le procureur général, Pierre Bûcher ou Buchichier, *meilleur sculpteur que bon magistrat*, poussait le zèle jusqu'au fanatisme. Selon lui, les catholiques avaient toujours raison, les protestants toujours tort. Dans ses déclamations déplacées, il n'épargnait pas même de Gordes, aussi bon catholique que lui et dont il aurait dû admirer et imiter la sage impartialité. Il alla même jusqu'à s'associer à la haine que portait à cet homme de bien Alleman-Pasquiers. Ils adressèrent au roi une longue série de plaintes contre lui, l'accusant de favoriser les huguenots aux dépens des catholiques; de traiter la noblesse huguenote avec trop d'égards et de civilité; de tolérer que la religion réformée fût exercée partout, tandis que le culte catholique était banni d'un grand nombre de paroisses ; d'avoir souffert que l'autel de la ville de Theys fût profané d'une manière indigne, sans qu'il eût rien fait pour poursuivre ceux que l'on désignait comme les auteurs de ce sacrilége. Une députation fut envoyée à Paris pour demander au roi que des commissaires fussent délégués en Dauphiné, afin d'examiner la vérité des griefs qu'ils articulaient contre le gouverneur, sans tenir compte des circonstances difficiles au milieu desquelles il se trouvait. Déjà la disgrâce de de Gordes était annoncée hautement. Maugiron, qui n'avait pas oublié ses anciens ressentiments, crut l'occasion favorable pour faire destituer son rival et reprendre sa place. Il s'empressa de se rendre à Paris pour se joindre à ses ennemis, à ses accusateurs. Mais la Providence veillait sur de Gordes. Emporté par son zèle, Maugiron, au lieu de se présenter en solliciteur, prit un ton exigeant qui déplut au duc de Nemours, alors en grande faveur. Celui-ci, irrité, appuya de Gordes de tout son crédit, et Maugiron reçut l'ordre de se retirer. La députation n'obtint à toutes ses réclamations que des réponses évasives, et ce qui prouva combien la cour témoignait de confiance et d'estime à de Gordes, c'est que la reine elle-même lui donna avis de toutes les démarches de ses ennemis et lui communiqua les mémoires qui contenaient leurs sujets de plaintes. De Gordes fit un appel à toute la noblesse, ainsi qu'au corps des villes, et leur demanda de déclarer s'ils avaient approuvé les dénonciations malveillantes et, pour la plupart, calomnieuses faites contre lui : leur réponse lui fut complètement favorable. Le président de Portes chercha vainement à le réconcilier avec Alleman-Pasquiers. Il était parvenu à les réunir, mais Pasquiers s'exprimant d'une manière peu convenable, de Gordes lui enjoignit, avec fermeté, de ne pas oublier le respect qu'il devait au représentant de l'autorité royale, et Pasquiers le quitta plus animé encore qu'auparavant et plus décidé à le perdre. La noblesse se partagea entre de Gordes et ses ennemis. Cette mésintelligence fit craindre à la cour que la paix ne fût troublée en Dauphiné, et elle manda Pasquiers, qui refusa d'obéir.

Mais si le duc de Nemours, si la reine-mère elle-même, soutenaient de Gordes de tout leur crédit et louaient hautement ses sentiments de modération, la cour, d'un autre côté, lui envoyait des instructions d'un genre tout opposé. On a cité une lettre de Charles IX qui engageait de Gordes à ne pas épargner les protestants, *à les tailler et faire mettre en pièces, sans en épargner un seul, car tant plus de morts, tant moins d'ennemis.* Nous verrons cette comédie se renouveler à l'époque de la St-Barthélemy ; certes, il fallait un rare courage, un admirable empire sur soi-même pour résister à de pareils ordres, au milieu de l'entraînement général, des excitations particulières et des justes sujets de représailles que les protestants donnaient imprudemment par leurs paroles et leurs actes. Nous verrons plus d'une fois de Gordes accusé à la cour, blâmé vivement dans son gouvernement, irrité par les folles bravades des protestants, résister néanmoins aux conseils insensés qui lui venaient de toutes parts et n'écouter que la voix de la raison et de l'humanité.

Au milieu de tous les embarras et de toutes les tracasseries que lui suscitaient ses ennemis, de Gordes veillait toujours avec la même énergie au salut de ses compatriotes. Ferme et impartial, attentif à prévenir tout ce qui pouvait donner prétexte au désordre, à

force de douceur, de bonté et de justice, il se faisait,
chose difficile cependant, aimer et craindre des deux
partis. Un grand chagrin vint le frapper dans ces tristes
circonstances où, en butte aux menées de l'envie et
de la calomnie, il avait le plus besoin de trouver un
appui et des encouragements chez ceux qui l'entou-
raient. La mort lui enleva deux de ses amis les plus
puissants, Saint-Marcel d'Avançon et le prince de la
Roche-sur-Yon. D'Avançon, ambassadeur et surintendant des finances sous Henri II, avait une grande
influence dans le conseil, et nul n'était plus propre à
faire ressortir tout ce qu'il y avait de loyal et de
noble dans la conduite et les sentiments de de Gordes.
« Le Dauphiné, dit Chorier, le plaignit comme une
de ses lumières éteintes et l'un des plus grands hommes
qu'il ait produits. » Le prince de la Roche-sur-Yon
s'était constamment montré aussi le soutien et l'ami
de de Gordes. Comme gouverneur de la province, son
crédit à Paris était considérable. Sa haute position,
les charges dont il était revêtu, les services qu'il
avait rendus dans sa longue carrière, lui avaient acquis
une grande autorité dans les conseils du roi, et il se
montra sourd à toutes les instances que lui firent
Maugiron et Pasquiers pour l'entraîner dans leur parti.
C'était donc non seulement deux amis, mais deux
appuis que perdait de Gordes, et cela au moment où
l'animosité de ses ennemis semblait redoubler contre
lui.

C'est alors qu'il sentit faiblir son courage. En présence des deux partis animés l'un contre l'autre des

sentiments les plus hostiles, il ne pouvait suivre son
penchant naturel, qui le portait vers les catholiques,
sans exaspérer les protestants et déchaîner une guerre
civile qui aurait couvert le Dauphiné de sang et de
ruines. Les protestants étaient trop nombreux, trop
puissants pour qu'on pût espérer de les réduire par la
force. De Gordes, qui avait fait ses preuves dans les
diverses guerres auxquelles il avait pris part et dont
le courage était bien connu, répugnait à combattre
des compatriotes, et il cherchait, par tous les moyens
que lui suggérait la prudence, à maintenir un semblant
de paix qui évitait, du moins, de funestes collisions
et permettait aux populat·s de respirer; il ne voulait
que le bien de la province qui lui avait été confiée
et dont le bonheur lui était cher à tant de titres; il
sentait que ce bonheur ne pouvait se trouver dans
une guerre sans pitié et sans merci comme celle qui
se faisait dans ces tristes années, où le fanatisme
égarait les esprits même les plus sages. Pendant
deux ans, il avait enduré les reproches des catholiques
et des protestants, les dénonciations, les menaces même
des siens. On avait été jusqu'à vouloir le faire assassiner, et il ne voyait que trop clairement qu'il ne
devait compter, en récompense de ses généreux sentiments, ni sur l'affection, ni sur la reconnaissance
de ceux au bien desquels il se dévouait. Sa belle
réputation militaire, acquise par quarante-cinq ans
de travaux et de combats, n'aurait-elle pas à souffrir
de ces calomnies qui accusaient son courage et appelaient lâcheté ce qui n'était que prudence? Quel

héritage d'honneur laisserait-il à ses enfants et quel
compte lui tiendrait la postérité de tant de dévouement?
Aussi, dans une de ces heures de découragement
auquel les belles âmes se laissent parfois entraîner,
en face de l'injustice, ne trouvant chez les principaux
membres du clergé et de la noblesse qu'une opposition
vive et acharnée à tous ses actes, que mauvaise foi,
déloyauté et ingratitude autour de lui, il demanda au
roi à être employé ailleurs, où il pourrait se rendre
plus utile à son pays. Mais la reine, qui l'aimait et
appréciait ses services, qui, en toutes circonstances,
lui avait prouvé le cas que le roi faisait de lui, le
pria si vivement de rester à son poste, où nul ne
pourrait convenablement le remplacer, qu'il se résigna
à ce sacrifice et se dévoua de nouveau à lutter contre
les exaltés des deux partis et à braver les haines
de ceux qui auraient dû être ses admirateurs et ses
amis.

Au prince de la Roche-sur-Yon succéda le duc de
Montpensier, prince-dauphin d'Auvergne. De Gordes
prit pour lui possession du gouvernement, et se sentit
plus encouragé à marcher dans la voie qu'il avait
suivie jusqu'alors, par l'appui que lui promit le nouveau
gouverneur.

La paix régnait en apparence; mais les deux religions étaient en présence et il ne se passait pas de se-
maine que quelque acte de violence ne fût signalé de
la part des uns ou des autres. A Vienne, à Valence,
dans toutes les principales villes du Dauphiné, on était
loin d'être satisfait de l'état actuel des choses. Chaque

parti trouvait que l'édit de pacification avait trop accordé à ses adversaires, et se montrait jaloux et irrité
de ces concessions. La pensée de la guerre était dans
tous les esprits, et nul ne dissimulait son impatience
de la recommencer. Les officiers de justice, certains de
mécontenter les catholiques et les protestants, en agis-
sant avec l'impartialité que leur devoir exigeait, étaient
les objets de menaces continuelles. L'archevêque
d'Embrun et Bectoz de Vaubonnais adressèrent à de
Gordes une demande écrite de pourvoir à leur sûreté.
Des assemblées publiques avaient lieu dans toutes les
villes et des discours irritants s'y tenaient sans cesse. On
répandit le bruit que la cène devait se faire solennelle-
ment à Valence, le jour de Noël, et que toute la noblesse
du Valentinois et des environs se proposait d'y assister en armes pour protéger la réunion. Cette nouvelle
faisant craindre une collision qui pouvait amener une
guerre générale, avait répandu l'épouvante jusque
dans Grenoble. La sagesse de de Gordes triompha encore de ce danger. Ses remontrances et son attitude
énergique imposèrent aux perturbateurs, et la cène
n'eut pas lieu. Les ministres Viret et la Place, qui
étaient venus, l'un dans les environs de Vienne, l'autre
à Valence, pour exciter leur coreligionnaires à se soulever, furent poursuivis par lui avec tant de vigueur
qu'ils eurent de la peine à se soustraire par la fuite
au châtiment qui les attendait. Quelques habitants,
connus par leur esprit remuant et leurs antécédents,
furent condamnés à des amendes et contraint des
quitter le pays. C'était tout à la fois une cause de

désastre supprimée et un exemple pour intimider les autres.

L'élection des consuls des diverses villes de la province eut lieu sur ces entrefaites. Pour prévenir toute occasion de troubles à Grenoble, de Gordes décida qu'il n'y aurait pas d'élection dans cette ville et que les anciens consuls seraient continués dans leurs fonctions. Les protestants étaient nombreux à Grenoble, ce qui les rendait redoutables, surtout les jours de cène où leurs coreligionnaires des villages environnants se rendaient dans la ville. Défense fut faite à ceux qui y étaient étrangers d'y faire exercice public de leur religion. Cet ordre ne suffit pas pour calmer le fanatisme exalté de Maugiron. De concert avec le baron de Sassenage, le comte de Suze, Robert de Senoncour, Monestier, Alleman-Pasquier, Bucher et l'archevêque d'Embrun, il recommença à blâmer avec amertume la sage modération de de Gordes et à chercher à ternir sa réputation. On accusa les huguenots de quelques désordres qui avaient eu lieu dans l'abbaye des Ayes. Toutes preuves manquaient pour former contre eux un commencement de conviction ; néanmoins, l'abbesse, qui croyait que sa conviction valait toutes les preuves, conçut une haine mortelle contre de Gordes qui avait refusé de s'associer à ses ressentiments et de sévir contre ceux à qui son aveugle partialité s'en était pris. Pierre Bucher, procureur général au parlement, et dont nous avons déjà parlé, prit parti pour l'abbesse, « croyant, dit Chorier, toute résolution contre les huguenots juste et toute exécution facile. » De Gordes demanda et obtint sa destitution. Cependant Bucher eut assez de crédit pour recouvrer sa place un peu plus tard. La noblesse chercha par tous les moyens possibles à saper l'autorité de de Gordes. Elle sollicita la suppression des vibaillis et sénéchaux de robe courte, — qui étaient gens de cœur et totalement dévoués à de Gordes; — mais, sur les observations de celui-ci, la cour les conserva. Les états de la province allèrent jusqu'à demander que la nomination du lieutenant de roi en Dauphiné fût laissée à leur choix, ce qui aurait mis ces hautes et importantes fonctions dans leur complète dépendance. L'archevêque d'Embrun, l'évêque de Grenoble et plusieurs seigneurs influents furent députés à Paris pour soutenir cette prétention. Maugiron s'y rendit lui-même pour aider leur influence de la sienne et saisir l'occasion de satisfaire sa vieille jalousie contre de Gordes. Mais la cour connaissait de Gordes, et d'ailleurs elle sentait que dans la situation actuelle des affaires, la prudence et la modération étaient plus que jamais nécessaires. Le temps des grandes mesures n'était pas encore venu; il y aurait eu trop de dangers à heurter de front le parti protestant, en destituant un homme qui avait su lui inspirer de la crainte et du respect, pour le remplacer par un de ses plus fougueux, de ses plus implacables adversaires. Aussi tous les efforts de la députation échouèrent; les observations de de Gordes furent bien accueillies et sa manière d'agir hautement approuvée.

Cependant les assemblées des ministres protestants

avaient recommencé. Quelques-uns du Valentinois et
du Diois s'étaient réunis à ceux du haut-Dauphiné,
près de Tullins, et des discours pleins d'exaltation
avaient été tenus dans cette réunion. De Gordes s'y
rendit et visita également les villes voisines. Il eut,
près de Molans, une entrevue avec Montbrun et Pape
Saint-Auban; il écouta leurs plaintes et fit tous ses
efforts pour calmer leur irritation.

« Les trompettes de la guerre civile, dit Chorier,
étaient, du côté des catholiques, les prêtres; du côté
des huguenots, les prédicateurs. Rien ne pouvait les
satisfaire, et tout accommodement qui laissait quelque
liberté au parti opposé leur semblait un opprobre pour
le leur et une espèce de sacrilége. » Cependant, favoriser ouvertement un parti aux dépens de l'autre, c'é-
tait appeler la guerre civile, et avec elle la ruine et la
désolation dans la province, sans aucun résultat utile
en compensation. Le devoir de de Gordes était de s'y
opposer, et il n'hésita jamais à le remplir, même en
s'exposant à déplaire à la cour. Le duc de Montpensier,
gouverneur du Dauphiné, avait envoyé à Grenoble,
pour y prêcher les avents et le carême, un jésuite dont
le caractère peu modéré inspira des craintes à de
Gordes qui, tout en louant le zèle des jésuites, —
l'appréhendait comme politique. — Aussi fit-il défense
au jésuite de prêcher, et il employa à sa place un religieux de l'ordre des Dominicains, nommé Mollard,
dont il connaissait le savoir et la modération. Le jésuite
congédié se plaignit à son général, celui-ci au pape,
le pape au roi, qui en ressentit, ainsi que le duc de

Montpensier, un assez vif dépit, et qui, cependant, loin de blâmer de Gordes, ne put s'empêcher de louer sa prudence.

Mais cette conduite ferme et sage ne faisait qu'augmenter le mécontentement des uns, sans satisfaire les autres. Maugiron surtout, qui espérait toujours recouvrer la charge de lieutenant du roi en Dauphiné, se montrait le plus hostile à toutes les mesures de de Gordes. Les échecs qu'il avait subis précédemment dans ses démarches contre lui, n'avaient pu le décourager, et il ne perdait pas l'espoir de triompher enfin de son rival. Aussi lui suscitait-il sans cesse de nouveaux embarras par ses plaintes qu'il faisait partager à tous les catholiques en les animant contre les protestants. L'archevêque d'Embrun, Monestier, Pasquiers, le procureur général Bucher, excités par lui, se récriaient amèrement contre ce qu'ils appelaient la complaisance de de Gordes pour les huguenots. Le fanatisme qui les aveuglait dénaturait à leurs yeux ses plus louables intentions. D'un autre côté, Montbrun, Saint-Auban, la Coche, Miribel et les principaux chefs des réformés s'animaient de plus en plus dans leurs conférences particulières ; mais de Gordes était entre eux comme un rocher contre lequel se brisaient inutilement les flots de tant de passions et d'intérêts différents. — Enfin, Charles IX lui écrivait cette lettre que nous avons déjà mentionnée plus haut, lettre restée célèbre et dont une phrase annonçait déjà la terrible nuit de la Saint-Barthélemy : « *Là où vous en sentirés aulcungz qui branlent seulement pour venir secourir et*

*aider à ceulx de la nouvelle religion, vous les empé-
cherés de bouger par toutz moïens possibles; et si vous
connoissés qu'ilz soient oppiniastres à vouloir venir et
partir, vous les tailherés et ferés mectre en pièces sans
en espargner ung seul, car tant plus de morts, moeingz
d'ennemys. 8ᵉ jour d'octobre 1567. »* Je cite de nouveau
cette phrase, afin de mieux faire ressortir la position
délicate dans laquelle était placé de Gordes, ne voulant
heurter violemment aucun parti, ni déplaire au roi
sur la justice et la confiance duquel il comptait du reste
pleinement. Aussi, fort de sa conscience, il tenait tête
à tous ceux qui cherchaient à troubler la paix de la
province. Il fit faire en Suisse une levée d'hommes
qui furent amenés à Grenoble par Louis Avril, leur
capitaine, et ce renfort intimida un moment ceux qui
ne soupiraient qu'après le désordre.

Cependant le soulèvement des protestants ne tarda
pas à commencer. Depuis trop longtemps le feu cou-
vait sous la cendre, l'incendie devait éclater à la fin.
Appelé par eux, Mouvans entra dans Vienne et les
soldats se portèrent contre les catholiques aux plus
indignes excès. Le palais de l'archevêque fut saccagé,
la plupart des maisons pillées et les églises profanées.
Déjà même ils avaient commencé à démolir la belle
cathédrale de Saint-Maurice, quand de Gordes accourut
à la hâte au secours de la malheureuse cité, et la pré-
serva d'une ruine complète. A son approche, les protestants se retirèrent en incendiant les maisons des
faubourgs. En même temps, Gap, Romans, Valence,
Crest, Montélimar, le Buis et plusieurs autres villes

suivirent l'exemple de Vienne. Les protestants y étaient en force et y faisaient la loi aux catholiques. Les avis que de Gordes n'avait cessé de transmettre à la cour avaient été méprisés; on lui avait refusé les secours demandés, et il se trouvait presque sans défense contre tant d'ennemis rassemblés. Cependant il tint tête à l'orage. Il venait de se rendre à son château de Laval, à trois lieues de Grenoble, quand il reçut la nouvelle de ce soulèvement général des protestants. Il apprit en même temps que le capitaine la Coche, à la tête d'une troupe rassemblée dans Theys, avait voulu profiter de son absence pour s'emparer, par un coup de main hardi, de la ville de Grenoble, et avait été repoussé à la porte Très-Cloîtres par les catholiques que le parlement avait appelés aux armes. De Gordes fit faire des levées à la hâte et demanda de nouveau et avec énergie des secours à Paris. Il renforça les garnisons de Moirans, de la Côte et des villes principales qui étaient au pouvoir des catholiques. Il contracta un emprunt de cinquante mille livres à Lyon, emprunt qui fut garanti par le premier président et plusieurs conseillers du parlement, entre autres Laurent Rabot et Severin-Odoard. Il décida ensuite que les catholiques, pour être plus facilement distingués des protestants et empêcher ceux-ci de se croire plus nombreux qu'ils ne l'étaient en effet, porteraient en voyage une croix blanche sur leurs habits. Enfin il se mit en marche avec sa petite armée, laissant à Grenoble, pour y commander à sa place, Pierre de Chissay, homme aussi justement estimé par son expérience et sa sagesse que par sa modération et sa valeur.

Le duc de Nemours, qui ramenait en France des troupes levées dans le Piémont et la Savoie, lui fit offrir de se joindre à lui. De Gordes, à cet effet, s'approcha de Vienne et vint camper à Saint-Jean de Bournay. Une entrevue eut lieu entre de Gordes et le duc, à Beauvoir, près de Vienne. Bientôt cette dernière ville se rendit à eux, et tous les efforts de de Gordes ne purent empêcher le pillage d'un grand nombre de maisons. Les protestants en avaient déjà saccagé une partie en l'abandonnant. Triste effet de ces luttes fratricides! Les villes et les campagnes avaient alors autant à redouter de leurs défenseurs que de leurs ennemis! De Gordes laissa dans Vienne une forte garnison, dont il donna le commandement à Bérenger de Sassenage, de qui il avait apprécié la valeur dans les guerres de Piémont, pendant lesquelles ils avaient servi ensemble sous le maréchal de Brissac, ensuite il s'avança jusqu'à Saint-Marcellin. Cardé, lieutenant de Montbrun, se hâta de venir au secours de cette ville qui, étant mal fortifiée, ne semblait pas pouvoir offrir une longue résistance. Deux combats eurent lieu près du château de Chatte, le 20 et le 22 novembre. La victoire fut indécise, selon les écrivains protestants; selon les autres, au contraire, de Gordes sortit vainqueur de la lutte. Les débris de l'armée de Cardé se réfugièrent dans Saint-Marcellin, suivis par de Gordes, qui se disposait à les y assiéger, quand Crussol-d'Acier et Mouvans accoururent à leur secours à la tête de quinze mille hommes. De Gordes, se sentant trop faible pour lutter contre des forces si supérieures, se replia sur l'Albenc et se porta ensuite sur Saint-Etienne de Saint-Geoirs et Beaurepaire. D'Acier et Mouvans le poursuivirent de si près qu'il y eut plusieurs engagements entre leur avant-garde et les traînards de son armée. Craignant pour le sort de la Côte Saint-André, il eut un instant la pensée de s'y renfermer; mais, reconnaissant l'impossibilité de défendre cette place, il en retira les troupes qui s'y trouvaient pour ne pas les exposer inutilement, car alors on faisait rarement quartier aux soldats dans les villes prises d'assaut, et, les ayant réunies aux siennes, il se dirigea vers la Tour-du-Pin, et de là se rendit à Bourgoin. Son armée se grossissait en chemin des garnisons des bourgs et châteaux qui se trouvaient sur le passage des ennemis et qui, à leur approche, abandonnaient leur poste. Le 20 décembre, il vint camper dans la plaine d'Heyrieux, près de Lyon, et s'y prépara au combat. Mais son habile retraite, en ménageant ses propres forces, usait celles de ses adversaires, qui n'osèrent accepter la lutte. Cardé resta dans Saint-Marcellin, et d'Acier s'enferma dans la Côte-St-André, faisant parfois des excursions dans les environs et cherchant même à exciter, par des émissaires, un soulèvement en sa faveur dans Vienne. Ce qui obligea de Gordes à se rapprocher de nouveau de cette ville.

La nouvelle de la bataille de Saint-Denis, qui commençait à se répandre parmi les protestants, enflammait encore leur audace. Habitués à céder sous le nombre, ils se relevaient toujours plus vigoureux et plus enthousiastes. Tel fut l'effet de cette bataille (10 novembre 1567) qui ne dura qu'une heure et où, quoique vaincus, il se retirèrent avec tous les bénéfices du combat, ne laissant à leurs adversaires qu'une plaine dévastée, couverte de mourants, au nombre desquels figurait le chef même de l'armée catholique, le connétable de Montmorency. Cette mort remplit d'une amère douleur le cœur de de Gordes. C'était le connétable qui l'avait accueilli lorsque, à la mort de Bayard, il s'était vu contraint de rentrer au manoir paternel et condamné à une oisiveté qui pesait à sa grande âme; c'était lui qui l'avait, en quelque sorte, formé au noble métier des armes; qui l'avait soutenu, protégé, confié au maréchal de Brissac dans la guerre de Piémont; qui l'avait fait son lieutenant, son ami, son confident; qui n'avait pas laissé échapper une occasion de mettre en évidence sa valeur et ses rares qualités. A lui il devait autant que la vie, il devait sa position et sa fortune : les nobles cœurs ne sont jamais ingrats. Aussi le pleura-t-il comme un père, et il maudit plus que jamais ce fol entêtement des partis qui ne savaient pas se résoudre à vivre en paix, à l'abri de concessions mutuelles, et qui servaient par là d'autant plus les intérêts des ennemis de la France, en affaiblissant ses forces dans ces combats continuels où le sang français coulait toujours, de quelque côté que fût la victoire.

Cependant les protestants faisaient des progrès dans le bas Dauphiné. Les villes du Buis, de Montélimar, de Valence, de Romans, de Saint-Marcellin s'étaient déclarées pour eux. De Gordes était réduit à se tenir sur la défensive, faute de forces suffisantes. Il s'attacha à mettre en état de défense les villes du haut Dauphiné qui lui restaient, et il fit désarmer tous les protestants qui s'y trouvaient, pour les empêcher de venir, en cas d'attaque, au secours de leurs coreligionnaires. Il alla ensuite faire le siége de la Côte, défendue par Claude de Bérenger, seigneur de Pipet, — de cette ancienne et illustre race des Bérenger, si renommée chez nous et chez les étrangers, selon le poëte Desportes, — et qui y commandait trois cents arquebusiers. Le baron des Adrets, qui avait abandonné la cause protestante pour se faire catholique, vint rejoindre de Gordes avec deux mille hommes. Quand la brèche fut jugée praticable, de Gordes ordonna l'assaut et y monta bravement à la tête de ses soldats. Les assiégés se défendirent avec courage et parvinrent à repousser les assaillants, au point que de Gordes se vit obligé de faire cesser l'assaut et de ramener ses troupes dans son camp. Mais cet échec ne le découragea pas. Il s'était tenu constamment aux endroits les plus périlleux; il avait été blessé à l'épaule d'un coup d'arquebuse, et César de Grolée, seigneur de Château-vilain, fils du comte de Viriville, qui commandait sous lui, avait été tué à ses côtés. Les assiégés avaient réparé la brèche sous le feu même des canons ennemis. De Gordes, dès lors, commença un siége régulier; mais Pipet comprenait bien qu'il était hors d'état de résister à une seconde attaque. Il abandonna la place pendant la nuit, suivi des habitants réformés, qui aimèrent mieux partir avec lui que rester à la merci des vainqueurs. La présence de des Adrets leur avait inspiré cette résolution; ils se seraient rendus à de Gordes seul, mais ils redoutaient la cruauté bien connue et la mauvaise foi de leur ancien partisan, qui combattait alors pour la première fois contre ses anciens coreligionnaires, depuis son nouveau changement de drapeau.

De Gordes alors se dirigea contre Cardé, qui avait semblé vouloir reprendre l'offensive, puis il s'empara, avec l'aide de ses lieutenants, de Saint-Marcellin, de Saint-Antoine, de Moirans, de Châteauneuf de l'Albenc et de Moras. Il fit abattre les fortifications de la Côte, celles de Saint-Antoine et de plusieurs autres places dont les garnisons diminuaient son armée sans avantage bien réel. Il assembla ensuite les capitaines sous ses ordres et tint avec eux un conseil de guerre. Les principaux de ceux qui y assistèrent furent des Adrets, Antoine de Briançon, seigneur de Varces; André de la Porte, seigneur de l'Artaudière; Philippe Philibert de Saint-André, Pierre de Chissay, seigneur de la Marcousse. A l'issue de ce conseil, il envoya partout des ordres pour faire prendre les armes à tous les catholiques qui en seraient capables et se mit en état, non seulement de résister aux entreprises de ses adversaires, mais encore de reprendre l'offensive contre eux et de les chasser des places qu'ils occupaient.

Néanmoins, tout en se préparant énergiquement à la guerre, il sentait bien que la victoire, dans les guerres civiles, est toujours funeste aux deux partis. Aussi lorsque le premier président Truchon parla de négocier avec les réformés, de Gordes l'approuva hautement. Ce dernier parti, le plus sage, fut confirmé bientôt par la nouvelle qui ne tarda pas à parvenir en Dauphiné de la paix conclue entre le prince de Condé et le roi, paix connue sous le nom de *boiteuse* et *mal assise* ou *de Longjumeau*, et qui ne devait pas être exécutée plus fidèlement que celles qui l'avaient précédée et que celles qui la suivirent. En effet, elle fut plutôt une halte dans la guerre qu'une véritable paix. Elle n'empêcha pas que de fréquentes rencontres n'eussent lieu encore entre les protestants et les catholiques. Les premiers, furieux de la défection de des Adrets, résolurent de le faire assassiner. L'assassin, qui était un Bourguignon, fut découvert et arrêté ; il avoua son crime, et de Gordes, après l'avoir interrogé lui-même, le condamna à mort. L'édit de paix fut publié et de Gordes veilla à son exécution avec fermeté et loyauté ; il fit tout ce qu'un homme qui ne cherche que le bien public doit faire, et il réussit en partie. Les protestants rendirent au roi les villes qu'ils occupaient encore en Dauphiné. Il fallait à de Gordes un courage à toute épreuve pour résister aux exigences fanatiques des uns et des autres et aux inimitiés que sa conduite impartiale lui suscitait, même parmi les siens. Ainsi il arriva qu'un jour il fit mettre en liberté un ministre, nommé Alexandre, par suite d'un échange avec un officier de sa compagnie de gens d'armes. Cette action si simple mit en fureur la populace de Grenoble qui avait compté

sur le spectacle de la mort de ce ministre. Excitée
par un nommé Robert, avocat de la ville, elle accusa
de Gordes et le premier président Truchon de favoriser
les protestants. Maugiron, dont le ressentiment était
toujours aussi ardent, se joignit à elle et ne laissa pas
échapper l'occasion de renouveler ses plaintes et ses
calomnies contre de Gordes; mais lui, insensible à ces
clameurs, n'écouta que la voix de l'honneur, et du
devoir et se moqua des déclamations de ses ennemis
et de ses envieux.

La paix fut exécutée partout. Romans hésita un
moment à ouvrir ses portes. Des Adrets avait été
chargé de cette reddition, et la crainte d'être traités
par cet homme aussi cruellement que les autres villes
qui s'étaient rendues à lui, effrayait les habitants.
De Gordes s'y transporta, toute difficulté cessa et
Pierre de Chissay en fut nommé gouverneur. A Valence, la publication de l'édit ne se fit pas sans désordre. Les archers de Gessans, vice-sénéchal de robe
courte, qui avait été chargé de la publication, furent
maltraités par la populace protestante. De Gordes vint
à Valence et y fut insulté lui-même. Il aurait pu se
venger, il dédaigna de le faire et se contenta de chasser
de la ville les coupables. Cervières St-André fut nommé
par lui gouverneur de Valence; Chabeuil, Etoile,
Montélimar ouvrirent leurs portes et reconnurent son
autorité, en apparence du moins. Mais les sentiments
et les croyances ne changèrent pas; ce fut toujours
la même fermentation, la même haine dans tous les
esprits, le même fanatisme dans toutes les âmes. La

religion catholique ne jouit pas d'une plus grande
liberté. On alla jusqu'à disputer à de Gordes la faculté
de faire dire la messe à Valence, dans l'évêché où il
était logé. A Montélimar, à Romans, à Gap, les prêtres
n'osaient se montrer dans les rues. A Romans, la messe
avait été célébrée durant le séjour de de Gordes; après
son départ, les protestants mirent le feu à la maison
dans laquelle la cérémonie avait eu lieu. A Vienne, les
excès inverses furent à déplorer, parce que les catholiques y dominaient par leur nombre; aussi, malgré
les représentations et les menaces même de de Gordes,
refusèrent-ils de laisser jouir les protestants de la
liberté que leur accordait l'édit de paix, se sentant
soutenus en cela par les magistrats de la ville et par
Maugir qui ne laissait échapper aucune occasion
d'exciter la discorde et de susciter des embarras à de
Gordes.

Le feu n'était qu'assoupi, le mécontentement allait
toujours grandissant. Chaque parti eût voulu l'anéan-
tissement de l'autre et s'offensait presque d'un partage
qui les mettait l'un et l'autre sur un pied d'égalité. A
tout instant des collisions pouvaient naître, et elles auraient infailliblement rallumé la guerre. De Gordes
comprenait très-bien que cette multitude de petites
places fortes qui couvraient la province lui était plus
nuisible qu'utile, en offrant à ses adversaires des lieux
de refuge où on avait ensuite de la peine à les atteindre.
Les faire occuper par des garnisons, c'eût été anéantir
son armée en la disséminant et souvent en pure perte;
l'effort des protestants se portant sur une de ces places

isolément, elle était hors d'état de résister. Il résolut donc de les faire démanteler, ce qui obligerait ses adversaires à combattre en rase campagne et lui assurerait une victoire plus profitable. Il voulut néanmoins consulter le parlement, car, dans les circonstances graves, il ne négligeait jamais de le faire. Le parlement approuva fort cette mesure, et dès lors de Gordes ordonna d'abattre les fortifications d'un grand nombre de ces petites villes, entre autres de Die, Corps, Pierrelatte, Chastillon, Dieu-le-fit, Saint-Quentin, etc. Celles de Saint-Marcellin furent conservées, ainsi que celles de l'Albenc et de Saint-Paul-Trois-Châteaux, grâce aux instantes prières des habitants. Cet acte de vigueur excita de violents murmures; mais de Gordes feignit de ne pas les entendre, et, dit Chorier : « il mit en usage tout ce que l'on pouvait attendre d'une prudence consommée comme la sienne, » ce qui n'empêcha pas la guerre de recommencer sur plusieurs points, à Gap, à Crest, à Montélimar. Montbrun, toujours le premier quand il s'agissait de combattre, Pierre de Forets, Blacons, Mirabel, Cheylar, Crose, Champollion, Blayn du Poët, Louis de Morges, Bardonnenche, Lesdiguières, gentilshommes dauphinois, se joignirent à lui et levèrent des troupes. De Gordes, de son côté, se procura des renforts parmi les catholiques. Les états de la province consentirent à un impôt de cinquante-trois mille livres, *dont nul ne fut exempt.*

Cependant le prince de Condé avait ordonné de former un certain nombre de régiments parmi les protestants du Dauphiné. Les principaux chefs des

réformés de France se préparaient à une lutte sérieuse,
ils en faisaient dépendre le salut de leur religion et le
triomphe des nouvelles croyances. L'enthousiasme
belliqueux de leurs partisans fut extrême. Ils couraient
à ce qu'ils regardaient comme une autre croisade en
faveur de leurs principes. Les chefs profitaient de cet
aveugle entraînement et leur cachaient avec soin le
côté politique de la guerre. Un manuscrit du temps,
cité par M. Long dans son excellente histoire, raconte
que le prince de Condé et l'amiral Coligny ayant de-
mandé dix mille hommes à la Provence, au Dauphiné,
à l'Auvergne, au Vivarais et au Beaujolais, il s'en
présenta trente mille. Des vieillards de soixante-dix
ans n'hésitèrent pas à s'enrôler avec des enfants de
dix ans. Alais, ville des Cévennes, fut désignée pour
le rendez-vous général. Mouvans se porta sur la rive
droite du Rhône où un fort fut élevé avec une éton-
nante rapidité pour faciliter le passage à ses troupes.
Montbrun vint l'y rejoindre avec des forces égales
aux siennes, se montant à environ trois mille hommes
d'infanterie et quelque cavalerie. De Gordes accourut
pour leur disputer la traversée du fleuve ; il les attaqua
sans s'inquiéter de leur nombre et leur fit éprouver
une perte considérable. Néanmoins, malgré tous ses
efforts, il ne put les empêcher de passer le Rhône et
de se rendre maîtres de Valence. Mouvans périt plus
tard sur un champ de bataille, loin du Dauphiné, laissant la réputation d'un brave capitaine et d'un partisan
fanatique de la Réforme. Nous verrons dans la suite ce

que devinrent les débris de ces régiments échappés aux batailles de Jarnac et de Montcontour.

La bonne intelligence qui régnait entre de Gordes et le baron des Adrets commença à se troubler. Le duc d'Anjou ayant été nommé généralissime des armées du roi, de Gordes lui envoya dix-huit compagnies commandées par des Adrets avec le titre de colonel-général de l'infanterie du Dauphiné. Des Adrets les conduisit au siége de Sancerre et de là en Lorraine, pour accompagner le duc d'Aumale. A son retour, il se plaignit amèrement des capitaines qui avaient été choisis par de Gordes, et s'en prit à lui de la conduite de ces officiers; mais de Gordes méprisa ses plaintes.

Ses ennemis cependant continuaient à chercher toutes les occasions de lui nuire et d'affaiblir son autorité. Ne pouvant venir à bout de le faire révoquer de ses fonctions, ils obtinrent de la cour qu'une moitié de son commandement lui serait enlevée, et ils firent nommer le comte de Suze lieutenant du roi dans le Valentinois et le Diois, avec l'appui du duc de Montpensier, gouverneur de la province. Diminuer l'autorité de de Gordes c'eût été affaiblir celle du roi et du parlement. Les réformés seuls auraient gagné à cette division. Aussi le parlement et les états de la province firent-ils parvenir à la Cour d'énergiques remontrances, et la nomination de Suze fut révoquée. Il a été heureux pour le Dauphiné que le roi ait constamment écouté les amis de l'ordre et de la justice, au sujet de de Gordes, car nul autre n'aurait su déployer autant de fermeté unie à autant d'habileté, et la province, dans l'état d'irritation où se trouvaient les esprits, aurait eu à déplorer d'incalculables malheurs.

Des désordres avaient eu lieu dans le Briançonnais. Le château d'Exiles, dans la vallée d'Oulx, avait été pris par les factieux commandés par le capitaine Colombin. De Gordes envoya des troupes qui reprirent cette place forte et massacrèrent la garnison à laquelle on avait cependant promis la vie sauve. Tristes représailles! Le capitaine Colombin seul fut épargné, dans l'espoir d'une forte rançon, ou par suite de ces ménagements que les capitaines avaient ordinairement entre eux. Les habitants de la vallée de Pragelas s'étaient rendus à peu près indépendants. On proposa à de Gordes de les en punir aussi ; mais soit qu'il prévît que cette expédition amoindrirait trop ses forces, soit qu'il ne jugeât pas à propos de l'entreprendre dans les circonstances actuelles, malgré les réclamations du procureur général Bucher, il renvoya cette affaire à un autre temps. Chaque jour, en effet, il recevait de nouvelles communications sur les projets des protestants qui méditaient de s'emparer des places les plus importantes, et qui même en voulaient à sa vie, tant on comprenait quel ennemi dangereux il était par son activité et sa sagesse, que rien ne pouvait mettre en défaut. Les états assemblés dans Grenoble lui firent présent de deux mille écus, pour lui témoigner leur estime et leur reconnaissance de la fermeté de son gouvernement; mais il refusa de les accepter, à cause de l'état des finances de la province. Nous le verrons même plus tard sacrifier sa propre fortune pour subvenir aux

besoins de ses soldats, tant l'intérêt avait peu de prise
sur son âme !

Malgré diverses tentatives faites par les réformés,
pour s'emparer de Die, de Crest et de quelques
autres villes, une apparence de tranquillité régnait en
Dauphiné. Montbrun était parti, comme je l'ai déjà
dit, pour se joindre à l'armée des princes et assister
aux batailles de Jarnac et de Montcontour, où il se
signala avec Mirabel, Lesdiguières, Gouvernet, Saint-
Auban et l'intrépide Roësse que le sort réservait à
une mort glorieuse sur les remparts de Livron. Plusieurs gentilshommes dauphinois se firent remarquer
à cette dernière bataille dans les rangs de l'armée catholique, entre autres Maugiron, Clermont, des Adrets,
La Poype-Serrières et Tholon Sainte-Jaille. Cette
expédition est la dernière que les protestants du Dauphiné entreprendront loin de leur pays. Leur défaut de
discipline, leur habitude de la guerre de montagnes, les
rendaient impropres à ces combats livrés en rase campagne ; la guerre de partisans leur convenait mieux.

Peu de temps avant cette dernière bataille de Montcontour et pendant que de Gordes, délivré de la présence de ses plus dangereux adversaires, respirait un
moment et s'efforçait de réparer les maux des guerres
précédentes, tout en se mettant en état de parer aux
événements qui pourraient survenir, un nouvel effort
de ses ennemis fut sur le point de lui enlever le commandement de la province. Il est vrai que le vent de la
cour soufflait alors contraire aux réformés, et que la
politique de la reine-mère, jadis tolérante, leur était

devenue hostile. Aussi regrettait-on Maugiron, qui avait été trouvé autrefois trop zélé, et blâmait-on de Gordes qui ne paraissait pas assez dévoué aux passions du moment. La cour, cependant, recula devant une destitution; mais elle résolut d'exécuter la mesure prise peu de temps auparavant pour récompenser le comte de Suze et qui avait été révoquée par suite des réclamations de la province. On priva de Gordes de la moitié de son commandement pour le donner à son infatigable rival, Maugiron. Cette espèce de disgrâce fut dissimulée adroitement sous les formes les plus flatteuses. On craignait l'influence de de Gordes en Dauphiné; on savait combien il avait d'amis que cette mesure blesserait autant que lui, et un reste de pudeur, en présence de ses services passés, semblait faire hésiter au moment de le frapper.

· Voici la lettre qui lui fut écrite à ce sujet par le duc de Montpensier, gouverneur de la province, le 17 août 1569 :

« Monsieur de Gordes, le roy monsegneur et la royne connaissant de quelle jmportance leur est la garde et conservation du pays de Daulphinné, et meetant en concidération les bons et recommandables services que M. de Maugeron leur a cy-devant faictz tant à la conduicte et gouuernement dud. pays que aultres endroicts où jl a esté employé pour le bien et repos de ce royaulme, leurs Magestés m'ont acuordé que ledit gouuernement soit desparty, et que ledit segneur de

Maugeron soit remis en la moictié de la charge qu'il ha
heue aultres fois affin d'y avoir l'éveilh auecque vous
et empescher qne nous ennemys ne s'en puissent emparer et préualloir à l'aduenir comme jls ont cy-deuant
faict, et pour ce qu'il est bien raisonnable que vous
ayés le choix et option de regarder en quelle partie
de mon gouuernement vous voullés commander, soit
au Graisvaudan, montagnes et baronnies, ou au reste
de Viennoys et Vallentinois, auparauant qu'en fère
expedier le pouuoir aud. segneur de Maugeron, m'as-
surant que n'irès au contraire de ce que leurs Magestés
en ont arresté en ma faueur. Je ay bien volu vous fére
cest aduertissement de leur vouloir et jntention, et
vous prier, Mons. de Gordes, de vous y conformer
et satisfère puis qu'il fault que les choses passent de
ceste sorte, et me mander par ce porteur que je vous
enuoye exprès quel endroict des lieux dessusd. vous
désirès retennir, affin que, ayant entendu vostre volonté,
les choses se puissent mieux acheminer au contente-
ment de vous et dud. segneur de Maugeron, me ten-
nent certain que vous sçaurés si bien vous comporter
ensemble en vous charges et en ce que regardera le
service de sad. Magesté, que les affaires de mond. gouvernement n'en pourront que de mieulx succedder ;
aussi vous tiens-je pour ung si sage gentilhomme que
goustant les raysons qui ont meu leursd. Magestez à ce
fère, vous ne ferès aulcune difficulté tant pour mon
respect que pour vous mectre au choix de regarder en
quelle partie des lieux dessus dictz vous voulés commander, et que led. segneur de Maugeron, quy a tenu

deuant vous tout led. gouuernement, se contente de l'autre partie : ce faisant, je vous puis dire que leursd. Magestés demeureront contentes et satisfaictes, et leur ferés seruice et à moi plaisir fort agréable et que je désire, lequel je connaistray en tous lieux et endroictz que me vouldrés emploier pour vous particulières affaires où vous me trouverès aultant à vostre deuotion et prest à vous fère tous offices de vray amy comme de bien bon cœur, je vais prier Dieu vous donner, Mons. de Gordes, ce que plus désirés. D'Amboyse, ce xvij° d'aoust 1569, et au dessoubz est singné Loys de Bourbon. ¹ »

Cette dislocation de la lieutenance générale du Dauphiné ne fut pas plus exécutée que celle dont nous avons parlé précédemment. De Gordes, qui avait refusé de céder cette même moitié, qu'on voulait encore lui enlever, au comte de Suze qui cependant n'avait eu avec lui que des rapports d'amitié et d'estime, n'était pas homme à la céder paisiblement à la personne qui lui avait fait le plus de mal en Dauphiné, qui avait sans cesse entravé ses démarches, accusé et dénaturé ses intentions et ses actes, qui avait même cherché à attenter à sa vie. Quel que fût son attachement à son roi et à son pays, quelque grande que fût sa soumission aux ordres de la volonté souveraine, son dévouement n'al-

---

1. Extrait du *Livre du roi*, cité par M. Fauché-Prunelle, *Bulletin de l'Académie delphinale*, t. 1.

lait pas jusqu'à rabaisser sa dignité à ce point. Quelle
entente pouvait d'ailleurs exister entre ces deux
hommes, dont l'un méprisait l'autre, tandis qu'une
haine ardente animait ce dernier? Il est certain que
cette mesure n'eut pas lieu. De Gordes ne s'y fût pas
résigné, et nous verrons qu'il continua à exercer ses
fonctions, tant dans le Graisivaudan et les baronnies
que dans ce Viennois et ce Valentinois où, certes,
Maugiron n'aurait pas souffert qu'il vînt donner des
ordres à sa place. Chorier et les autres historiens ne
font nullement mention de Maugiron en Dauphiné, de
1569 à 1572, et il en eût été autrement si le commandement eût été réellement divisé. Nous retrouverons
plus tard Maugiron, dans la nuit de la St-Barthélemy,
chargé de faire exécuter le massacre des protestants dans
le faubourg St-Germain. Il aurait donc quitté déjà son
commandement; ce fait eût été cité sans doute par les
historiens qui en ont relevé de bien moins importants.
Cette mesure fut donc plutôt une espèce d'intimidation
adressée à de Gordes, un avertissement d'être moins en-
clin à la modération et plus *zélé* contre les protestants,
une révélation de la nouvelle politique adoptée, une
préparation à l'horrible attentat du 24 août 1572. *Le
Livre du roi* est le seul recueil qui fasse mention de
cette lettre et de ce partage. Chorier, si bien informé
en général, Chorier, qui a eu à sa disposition les
Mémoires écrits par de Gordes lui-même, Mémoires
qui ont disparu, et qui y a largement puisé, en aurait
certes parlé, ainsi que des actes de Maugiron dans les
pays soumis à son autorité, comme il a parlé de ce

même partage tenté auparavant en faveur du comte de Suze et qui n'eut pas lieu, comme nous l'avons dit.

Après les journées de Jarnac et de Montcontour, Montbrun, découragé par les défaites successives essuyées par son parti, revint en Dauphiné. Arrêté à Aurillac par une maladie violente; il y séjourna quelque temps, laissant le commandement à Mirabel. A peine remis, il continua sa route avec deux cents chevaux et une infanterie peu nombreuse, honorables débris échappés aux maladies, aux privations et aux hasards de deux batailles. Assailli dans le trajet par les garnisons catholiques et les habitants des pays qu'il eut à traverser, il atteignit enfin les bords du Rhône, après une retraite pleine de périls et qu'il exécuta avec une audace et un bonheur inouïs. Arrivé près de ce fleuve, il y trouva de Gordes qui, à la nouvelle de son retour, était accouru pour en défendre le passage. Montbrun, sentant son infériorité, n'osa engager la lutte; mais ayant trouvé un endroit, entre le bourg Saint-Andéol et Viviers, où le passage était mal gardé, et ayant augmenté sa petite troupe de quelques renforts, il traversa le Rhône pendant la nuit. De Gordes, averti, se mit à sa poursuite. Il n'avait, dit Chorier, que cent quatre-vingts hommes de pied et trente chevaux; Montbrun, au contraire, était à la tête de six vingts chevaux et de cinq cents hommes de pied commandés par des chefs résolus et renommés, comme Lesdiguières, du Poët, Morges, Champollion, Bardonnenche, et cependant de Gordes n'hésita pas à marcher à lui et à le forcer d'accepter le combat. Montbrun logea à la hâte Piégros et deux cents arquebusiers dans une saussaye voisine, plaça Mirabel et Lesdiguières à droite avec le gros de son infanterie, et se tint lui-même avec le surplus au centre. De Gordes et Rosset, son lieutenant, engagèrent la lutte courageusement, mais le feu qu'il leur fallut essuyer des deux côtés et l'impétuosité avec laquelle Mont-brun et les siens les chargèrent, mirent la confusion dans leurs rangs, et ils laissèrent près de quatre-vingts morts sur place, avec quelques prisonniers de qualité. Au nombre de ces derniers, se trouvèrent Rosset, lieutenant de de Gordes, ainsi que son guidon, Guiffrey de Boutières, qui mourut de ses blessures peu de jours après. Il était fils de Boutières, qui s'était fait jadis une haute réputation par sa valeur dans les guerres de François Ier. Dans ce combat, de Gordes, emporté par son courage habituel, fut un moment en-touré par les ennemis. Après une défense désespérée, son cheval s'abattit sous lui. Refusant de se rendre, il combattait toujours, lorsque son page, nommé de Vaux, perçant les rangs des assaillants, parvint jusqu'à son maître et lui donna son cheval, avec l'aide duquel il fit une trouée et regagna les siens. Le page resta prison-nier de Monbrun, qui, appréciant sa valeur et son noble dévouement, lui fit donner un autre cheval et le ren-voya sans rançon. On raconte aussi que Lesdiguières, ayant appris le danger que courait son ancien chef, *se jeta dans la presse pour aller à lui afin de le garantir d'un plus grand mal*, c'est alors qu'il rencontra Rosset qui voulut l'arrêter et qu'il fit lui-même prisonnier.

De Gordes, en se retirant, fit si bonne contenance, que

Montbrun n'osa le suivre. Abandonnant Loriol qu'il ne pouvait défendre, il se replia sur Crest où des secours importants vinrent le rejoindre. Les gentilshommes du Valentinois se réunirent à lui ; le comte de Suze lui amena sa compagnie, et il se trouva, en peu de temps, à la tête d'une petite armée avec laquelle il revint à Loriol. Mais celle des princes avait passé le Rhône à Beauchastel, à la faveur du fort précédemment construit par Montbrun, et malgré les troupes que de Gordes avait envoyées pour s'opposer à son passage. Celui-ci alors assembla un conseil où assistèrent de Villars, comte de Tende ; Annet de Maugiron, seigneur de Leissins ; Antoine de Fay de Solignac, maréchal des logis de la compagnie des gens d'armes de Gordes ; Louis Coct, seigneur de Chatelard ; Claude de l'Hère, seigneur de Glandage ; Louis d'Urre Doncieu, seigneur du Puy Saint-Martin ; Jean Allard, capitaine d'une compagnie de gens de pied ; Pierre de Briançon de Saint-Ange ; Antoine de Boulogne, d'une famille du Royannais ; Ant. de Rostaing ; Gaspard de Béaumont, seigneur de Barbières ; Balthasard de Rivoire, seigneur de Romanieu ; Ant. d'Hyères et le baron des Adrets. L'avis de ce conseil fut qu'il fallait faire retraite. Ce n'était pas l'opinion de de Gordes ; il se sentait assez fort pour tenir tête à l'ennemi, mais il dut céder à de puissantes considérations : le salut de la province ne pouvait être remis au hasard d'une bataille.

Les protestants, maîtres du Buis, de Livron, de Taulignan, vinrent assiéger Montélimar. Le brave Jean d'Orgeoise de la Thivolière y commandait, et il défendit si bien la place que l'amiral de Coligny, qui n'était pas venu en Dauphiné pour conquérir des places fortes, mais pour y faire des levées d'hommes et d'argent, car il avait pu apprécier la valeur des soldats dauphinois dans les différentes guerres où ils avaient combattu sous ses yeux, ne crut pas devoir prolonger les opérations d'un siége inutile. Il repassa le Rhône, sans avoir atteint le but qu'il s'était proposé et laissant l'ancien archevêque d'Aix, St-Romain, pour son lieutenant en Dauphiné, quoique Montbrun y commandât en réalité. C'est pendant ce siége que s'immortalisa une femme intrépide, Margot de Laye, qui combattit constamment au premier rang. A la tête des femmes de la ville, elle fit plusieurs sorties et mit chaque fois le désordre parmi les assiégeants. La ville, reconnaissante, lui avait élevé une statue que l'on voyait encore, il y a peu d'années, sur le rempart même qui avait été le théâtre de ses exploits et de sa gloire.

De Gordes poursuivit l'amiral et attaqua plusieurs fois son arrière-garde. Grenoble, néanmoins, était dans la consternation. L'armée des princes ne paraissait devoir être arrêtée par aucun obstacle, et, d'un autre côté, Lesdiguières, maître de Mens, menaçait aussi cette ville. Déjà le parlement ne s'y croyait pas en sûreté. De Gordes rassura les autorités et les habitants, malgré les bravades audacieuses de Lesdiguières qui s'avança jusqu'au Pont de Claix, où il dressa une embuscade dans laquelle succombèrent les meilleures lances de Jules Centurion qui commandait dans Grenoble. Presque à la même époque, les Gapençais subissaient un échec considérable, et la ville de Corps tombait aux mains du capitaine Pape Saint-Auban.

Cependant de Gordes se multipliait pour faire face à ses adversaires et, sans négliger la défense de Grenoble, il porta ses soins du côté des baronnies et du Valentinois. Les ennemis y occupaient diverses places d'où ils incommodaient Valence et Montélimar. Ils avaient construit, comme je l'ai dit précédemment, au Pouzin, un fort qui leur facilitait le passage du Rhône et l'entrée en Dauphiné, quand il fallait secourir ceux de leur parti. Avant tout, il importait de leur enlever ce fort; et de Gordes fit ses dispositions en conséquence. Par d'habiles manœuvres, il tint en échec les troupes dont Lesdiguières disposait et qui auraient pu contrarier ses projets; puis il attaqua le fort dans les premiers jours de juillet. L'assaut fut donné. Mais quelques-uns de ses officiers, Navizan, Buisson, Maubec, ayant été blessés, le découragement se mit parmi les assiégeants, et, malgré l'exemple et les prodiges de valeur de de Gordes, il fallut renoncer à continuer le siége. Laissant alors devant la place des troupes suffisantes pour tenir les assiégés en respect, de Gordes revint à Grenoble, où un ordre exprès du roi l'avait appelé pour procéder à l'arrestation du baron des Adrets, dont les plaintes et les murmures, depuis quelque temps déjà, excitaient les soupçons. Une grande froideur avait succédé, comme je l'ai dit précédemment, à la bienveillance que de Gordes lui témoignait. Celui-ci le soupçonnait de n'avoir pas renoncé entièrement à son ancienne affection pour les protestants,

et d'être toujours secrètement d'intelligence avec eux.
Dans différentes rencontres avec le duc de Deux-Ponts,
qui était du parti du prince d'Orange et du comte de
Nassau, des Adrets s'était défendu avec une mollesse qui
n'était pas dans ses habitudes. De Gordes lui en avait
adressé des reproches qui furent mal reçus, et provo-
quèrent de la part du fier baron des propos et des
menaces tellement hardies que le roi donna ordre
de l'arrêter. Des Adrets, loin de songer à prendre la
fuite, se rendit lui-même au devant de de Gordes
et se constitua prisonnier entre ses mains. Il fut conduit à Grenoble et renfermé dans une maison de la
place de Malconseil (place aux Herbes). Des lettres
furent interceptées, qui établissaient ses relations avec
les chefs des protestants. On le conduisit alors à Lyon
et il fut enfermé au château de Pierre-Scise, où on lui
donna pour gardien le capitaine du Fenouil, qu'il y
avait jadis longtemps retenu prisonnier, au mépris des
conditions de la capitulation qu'il lui avait accordée
après une défense honorable. La cour ordonna de lui
faire son procès, et le redoutable baron commença à
trembler à son tour. Tout le monde le croyait perdu;
mais de Gordes, toujours généreux, même envers
ceux dont il avait eu le plus à se plaindre, écrivit au
roi en sa faveur, et poussa la complaisance jusqu'à
permettre à des Adrets d'aller à Paris se justifier ou
obtenir sa grâce. Il l'accompagna dans ce voyage, et la
paix qui fut conclue sur ces entrefaites rendit facile
l'élargissement de des Adrets qui fut plus heureux
que ne le sera Montbrun plus tard. Et cependant,

Montbrun ne s'était pas signalé par les mêmes actes
de férocité que des Adrets ; il n'avait pas foulé aux
pieds, comme lui, les lois de l'humanité. A part les
exécutions de Mornas, il avait plutôt retenu qu'excité
les soldats, lors de la prise des villes assiégées par lui ;
il avait sauvé la vie à un grand nombre de prisonniers,
mais il avait insulté le roi ! Qu'étaient les crimes de des
Adrets à côté de celui-là ! Aussi Charles IX proclama-t-il
l'innocence du baron, tandis que nous verrons plus
tard Henri III exiger du parlement le supplice de Montbrun, et l'influence de de Gordes, si efficace pour l'un,
sera complétement impuissante à sauver l'autre.

La paix de 1570, paix trompeuse comme toutes celles
qui l'avaient précédée, et pour laquelle de Gordes avait
été consulté dans le mois de juin, ne fut cependant
publiée à Grenoble que le 25 août. Tous la désiraient,
excepté ceux qui ne trouvaient de ressources que dans
le désordre et le pillage. St-Romain, qui avait la principale autorité de la part des princes, ne se pressait pas
de déférer à l'édit de paix. De Gordes le fit sommer
à Grane, où il se trouvait, d'avoir à se décider et à
faire rendre au roi toutes les places occupées dans le
Dauphiné par lui ou les siens. Saint-Romain n'osa
résister, et Loriol, le Pouzin, Corps, se rendirent.
Grane seul fut long et difficile à recouvrer. Le capitaine
qui y commandait demanda, pour livrer la place, un
ordre de St-Romain et, pour abandonner son artillerie,
un ordre du prince d'Orange, auquel elle appartenait,
disait-il. Cette conduite imprudente aurait pu rallumer
le feu de la guerre, sans les mesures pleines de sagesse

de de Gordes, qui, sans lutte nouvelle, vint à bout de
se faire remettre et les canons et la place. Le roi,
pour lui en témoigner sa satisfaction, lui fit don de la
terre de Grane. Montbrun fut le dernier à déposer les
armes. La paix lui était à charge; il fallait à ce caractère indomptable le bruit des armes, le mouvement des
camps. Le repos, pour lui, c'était l'oubli. Cependant il
fut contraint de céder comme les autres. Les troupes
étrangères furent licenciées, les garnisons supprimées
là où elles n'étaient pas nécessaires; les protestants qui
s'étaient enfuis des villes assiégées, purent y rentrer,
et l'exercice de leur religion fut toléré dans diverses
localités désignées. Ceux de Vienne eurent leur temple
à Saint-Genis. On leur permit un moment de se trans-
porter plus près, à Sainte-Colombe, autrefois faubourg
de Vienne. Mais les consuls et les habitants catholiques
firent de vives remontrances, et la permission fut re-
tirée. Maugiron avait, dans cette circonstance, forte-
ment appuyé les réclamations des consuls [1], et de
Gordes, malgré les plaintes des réformés, ne changea
rien à la résolution qu'il venait de prendre. — Il avait
cela de grand homme, qu'il ne se déterminait pas imprudemment, et que rien ne le faisait chanceler dans
les résolutions qu'il avait arrêtées. —

Cette restriction apportée à l'exercice libre de leur
culte devint bientôt, de la part des réformés, le motif

---

1. Il n'était donc pas gouverneur du Viennois, comme on a
voulu le dire.

de plaintes amères et de nombreuses infractions aux
dispositions de l'édit de paix. Ils ne pouvaient pas
vivre sans religion, disaient-ils, et ils établirent leur
prêche dans une foule de petites villes où l'édit ne le
permettait pas. Ainsi, St-Romain fit prêcher à Mante,
Lesdiguières à Chorges, quelques seigneurs même dans
leurs terres et leurs maisons. De Gordes crut devoir
fermer les yeux par les conseils de Truchon, de Boc-
quéron, de Bellièvre et d'Exéa, qui partageaient ses
idées de conciliation et croyaient, comme lui, qu'une
concession n'est pas une faute, quand elle peut prévenir de grands malheurs, d'autant plus que les concessions faites par l'édit de paix n'étaient pas fort
étendues. Ainsi, toute assemblée extraordinaire était
interdite aux réformés; il ne leur était pas permis
d'assister au nombre de plus de dix aux enterrements
de leurs coreligionnaires; cependant ils avaient accès
aux charges publiques comme les catholiques.

L'année 1571 s'écoula assez paisiblement. Les deux
partis, épuisés par les luttes des années précédentes,
éprouvaient le besoin du repos, tout en nourrissant
les mêmes sentiments d'hostilité, qui ne devaient pas
tarder à ressusciter la guerre. Les habitants des campagnes recommencèrent à ensemencer leurs terres; le
commerce anéanti parut vouloir revivre, et l'espoir
de temps meilleurs se fit jour dans les esprits. C'était
le calme précurseur de l'orage.

Des Adrets, mis en liberté, se présenta devant le
roi, à Saint-Germain, et se justifia avec assurance
de tout ce dont on l'accusait. Le roi, qui avait à

cœur de le ménager, l'assura qu'il était satisfait de
sa conduite et lui en fit délivrer une attestation
authentique, qui fut enregistrée en la chambre des
comptes du Dauphiné. De Gordes, aussi oublieux
après la victoire qu'intrépide dans le combat, sollicita
pour lui avec activité. En parlant de cette espèce de
réhabilitation de des Adrets, Chorier est allé jusqu'à
dire : « Quand un bon prince a outragé l'innocence
par les conseils de la calomnie, ceux d'un orgueil
impétueux n'empêchent pas que l'un et l'autre étant
enfin connus, il ne leur donne que ce qui leur est
dû. » L'innocence de des Adrets! des Adrets calomnié!
La postérité et l'histoire n'ont pas ratifié ces singulières
expressions de Chorier à propos d'un homme qui fut
brave, sans doute, mais dont la férocité a fait oublier
la bravoure.

La paix établie, de Gordes s'occupa à faire démanteler quelques places, à diminuer les garnisons de
quelques autres. Le capitaine Curebource fut chargé
de veiller dans Grenoble au maintien de la tranquillité
publique. Les forts de Pipet et de la Bâtie, à Vienne,
avaient été remis aux consuls de la ville. Dans le
Gapençais seul quelques orages s'étaient élevés. Gabriel
de Clermont, évêque de Gap, avait embrassé la
religion réformée, et Pierre Paparin avait été nommé
à sa place. L'apostasie de l'évêque avait affaibli le
parti catholique et rendu plus hardis les protestants,
qui ne mettaient plus de bornes à leurs exigences.
De là, de fréquentes collisions entre eux et les catholiques. Pour les prévenir, de Gordes supprima le

temple protestant de Chorges et le transféra à Saint-
Bonnet, dans le Champsaur. Il parcourut de nouveau
les Hautes-Alpes, accompagné de Lesdiguières, de
Champollion, et, par ses remontrances, ses discours
pleins de raison et de douceur, il calma les esprits
irrités, en même temps que, par sa fermeté, il
imposait aux exaltés des deux partis. Ainsi, quelques
catholiques ayant assassiné un capitaine protestant,
de Gordes punit les assassins avec rigueur. D'autres
avaient, dans Gap même, renversé la maison de
Furmeyer, brave capitaine huguenot qui avait péri
dans une émeute; de Gordes sévit également contre
eux. Il se rendit ensuite dans la principauté d'Orange,
où les catholiques l'avaient appelé, car Guillaume de
Nassau, qui en avait obtenu la restitution, les y mal-
traitait cruellement, malgré les recommandations
du roi. Les remontrances de de Gordes firent cesser
les persécutions. De là, il vint à Valence rétablir
l'ordre, momentanément troublé par des rixes sur-
venues entre les écoliers de l'université et les soldats du
colonel Alphonse. Sa présence et ses mesures promptes
et énergiques calmèrent les esprits. Il n'y avait pour
lui ni paix ni repos; à chaque instant une étincelle,
qui pouvait devenir un violent incendie, éclatait tantôt
sur un point, tantôt sur un autre, et il lui fallait
l'éteindre rapidement pour prévenir un mal plus grand.
Il sentait que la paix n'était que factice, qu'elle
n'était pas dans le cœur des forcenés des deux
religions, et il vivait dans de continuelles appréhensions
de la voir sérieusement troublée. A la cour, les idées

de modération, de conciliation qui avaient prévalu pendant un certain temps, avaient été abandonnées, et le parti de la violence, de l'intimidation contre les protestants prenait chaque jour une plus grande force. Cette politique nouvelle était connue dans le Dauphiné ; elle accroissait la hardiesse des uns ainsi que la méfiance des autres. Le bruit de l'attentat dirigé contre l'amiral Coligny ne tarda pas à se répandre dans la contrée. On ne se méprit pas sur la main qui avait armé l'assassin, et les alarmes en devinrent d'autant plus vives. Bientôt le tocsin de la Saint-Barthélemy se fit entendre, mesure politique exécrable, infâme représaille des meurtres de Bazas et de Nîmes, de Pau, de Mornas, de Pierrelate, de Montbrison et de la tour d'Orthez. D'horribles massacres, dont les détails rappellent les affreuses journées de septembre 1792, ensanglantèrent la capitale et bien des villes de province. Lyon, aux portes du Dauphiné, vit couler, comme Paris, des torrents de sang dans ses rues, quoique la garnison et le bourreau lui-même se fussent refusés à massacrer les protestants. Des étrangers, secondés par la populace, se chargèrent de la besogne. Grâces à la noble fermeté de de Gordes, le Dauphiné resta pur de tout excès. C'est surtout dans cette occasion que se manifesta la généreuse ermeté de cet homme, dont le nom est digne de vivre ét ernellement dans l'histoire, et dont le Dauphiné doit étr e fier comme du plus noble et du plus illustre de s enfants.

Quand les ordres de Paris lui furent communiqués,

iľ ne put y croire et ne dissimula pas l'horreur qu'ils lui inspiraient. Il répondit noblement au roi qu'*il n'était pas un bourreau ; qu'il commandait à d'honnêtes gens et non pas à des assassins.* Réponse et conduite admirables et d'autant plus dignes d'être remarquées que de Gordes savait bien de quoi il était menacé. Il exposait sa vie pour sauver celle de ses compatriotes. La cour alors ne reculait devant aucune mesure violente pour se venger de ceux qui ne s'associaient pas à ses desseins. C'est ce que prouvèrent, peu de temps après, la mort du comte de Tende et celle de Saint-Héran, l'un commandant en Provence et l'autre en Auvergne. Tous deux avaient fait la même réponse que de Gordes, tout deux périrent empoisonnés [1].

L'hypocrisie se joignit à la soif du sang. « Quoique le roi, qui avait fait de grands progrès dans l'art de dissimuler, eût envoyé des émissaires secrets aux

---

1. M. de Gordes empêcha que le massacre ne fût fait à Grenoble; il répondit qu'il était lieutenant du roi et non bourreau.
(SCALIGERIANA, p. 96.)

La Mole apporta en Provence le commandement du meurtre auquel le comte de Tende ne pouvait croire pour être chose si horrible et du tout contraire aux dernières nouvelles qu'il avait du roi. Même réponse firent, en Dauphiné, de Gordes, et en Auvergne, Saint-Héran, quoiqu'ils se soient montrés aux guerres violents ennemis, l'épée à la main. (D'AUBIGNÉ, liv. I, chap. v.)

M. de Gordes se comporta toujours fort doucement, jusque-là qu'étant pressé d'entrer dans le parti de ceux qui préparaient la Saint-Barthélemy pour y comprendre les huguenots du Dauphiné,

gouverneurs des provinces, pour faire égorger les religionnaires, tandis qu'il déclarait extérieurement qu'il voulait maintenir les édits de pacification, Joyeuse, à l'exemple de plusieurs gouverneurs ou lieutenants de roi des provinces du royaume, s'en tint aux déclarations publiques du roi, évitant de répandre le sang, et maintint la province en paix, autant qu'il lui fut possible. » (Dom Vaissette, *Histoire du Languedoc.*) Maugiron était à Paris à cette funeste époque et, comme on avait distribué les divers quartiers de la ville entre ceux qui avaient le plus vivement conseillé cette odieuse mesure, il fut chargé de diriger le massacre dans le faubourg Saint-Germain. Disons cependant, à l'honneur du nom dauphinois, qu'il fut saisi d'horreur quand il en fallut venir à l'exécution, et qu'il agit avec une lenteur si grande et si bien calculée, que les protestants qui se trouvaient dans ce quartier eurent le temps de s'échapper. Le gendre de Montbrun, l'ancien arche-

---

il dit qu'il n'était pas gouverneur des bourreaux, mais des honnêtes gens. Personne n'a rendu cette réponse publique, quoiqu'elle soit remarquable. (GUY-ALLARD.)

Ayant reçu pareil ordre, de Gordes s'excusa de l'exécuter sur la puissance de Montbrun et des protestants du Dauphiné et représenta qu'il serait très-dangereux de les réduire au désespoir.

(DE THOU, liv. 66.)

Ed. Fournier, dans son petit livre si remarquable intitulé : *L'Esprit de l'histoire*, nie énergiquement la réponse que l'on prête au vicomte d'Orthez, à Bayonne, mais il confirme pleinement celle de de Gordes.

vêque Saint-Romain, Jacques de Crussol-d'Acier, qui
avaient joué un rôle actif et trop zélé peut-être dans
les guerres religieuses du Dauphiné, et que l'on avait
attirés à Paris sous divers prétextes, furent sauvés
également par des amis dévoués. Crussol-d'Acier et
Pape Saint-Aubán se firent catholiques.

Non content de refuser d'obéir, de Gordes craignit
que les bruits venus de Paris et de Lyon n'excitassent
les catholiques. Il fit secrètement prévenir les protestants de se tenir sur leurs gardes, de manière à ne
pouvoir être surpris, et il associa le parlement à sa
noble résistance. « La fidélité et la prudence admirables du parlement de Grenoble ont paru en plusieurs
rencontres. Il avait connaissance du massacre qui se
devait faire le jour de la Saint-Barthélemy, en 1572,
contre les huguenots, et peut-être les catholiques trop
zélés n'étaient-ils pas moins préparés à l'exécuter en
Dauphiné qu'on ne l'était dans les autres provinces ;
mais par des ordres secrets et cachés il évita un
semblable malheur. » (Guy-Allard.) Le premier président Truchon, Arthur Prunier de Saint-André, les
conseillers Fianssayes, Bellièvre, Emery, etc., se pronon-
cèrent énergiquement contre une mesure si révoltante,
qui n'aurait pour effet que de faire périr inutilement
un grand nombre de leurs compatriotes, de déshonorer
une religion qui a toujours eu horreur de pareils
moyens de conversion et d'exciter de nouveau une
guerre civile plus acharnée que les autres, amenant
avec elle les plus affreuses représailles. « Ne devenons
pas, dirent-ils, les assassins de nos proches, de nos

amis et les nôtres ; car le dernier coup de fer des assassins en tourne la pointe vers eux et les punit. » Le parlement tout entier approuva ces nobles sentiments et confirma de Gordes dans sa première pensée, ainsi que dans les mesures qu'il avait déjà prises pour contenir la populace et châtier rigoureusement les premiers qui attenteraient à la vie des protestants. Mais, proclamons-le bien haut, ces mesures furent inutiles, quoique sages. Le peuple, en Dauphiné, apprit avec indignation les massacres de Paris et de Lyon et nul ne songea à imiter ces déplorables exemples. Les catholiques qui avaient combattu avec le plus d'énergie les protestants sur les champs de bataille, furent les premiers à leur promettre appui et protection en cas de danger; et cette populace, que l'on semblait redouter, ne poussa pas un cri de mort, ne fit pas entendre un murmure et parut même blessée de la défiance que l'on manifestait contre elle. Ces admirables sentiments se sont retrouvés à une autre époque fatale, et le sang répandu par torrents à Orange et à Lyon n'a fait naître que de l'horreur dans nos contrées. Les Dauphinois savent combattre leurs ennemis, leurs adversaires : ils n'ont jamais su les assassiner.

Dans le bas Dauphiné il y avait plus à craindre. Quelque remuement eut lieu dans Valence, Romans et Montélimar. Scaliger (Joseph de l'Escale) et Ennemond de Bonnefoy, professeurs de l'université, coururent des dangers et furent sauvés par Cujas. Sept protestants périrent à Romans. On en avait arrêté

soixante; de Gordes parvint à en faire délivrer quarante, treize autres furent sauvés par leurs amis. A
Montélimar, on en massacra un plus grand nombre,
quelques fanatiques ayant forcé les portes de deux
ou trois maisons où les protestants étaient réunis
sous la protection des magistrats de la ville. A Die,
le gouverneur Glandage suivit avec empressement les
instructions de de Gordes. A Vienne, l'archevêque
Garibaldi déploya, pour le salut de ses ouailles éga-
rées, un zèle vraiment chrétien et qui fera, à juste
titre, bénir sa mémoire. Dans les Hautes-Alpes, les
évêques de Gap et d'Embrun montrèrent les mêmes
sentiments de charité, et pas une goutte de sang n'y
fut répandue. Le marquisat de Saluces avait été
réuni au Dauphiné en 1447; le gouverneur et l'archidiacre
protestèrent aussi contre les ordres qui leur furent
adressés; les catholiques se montrèrent indignés d'un
pareil projet, et, comme dans Grenoble, il ne s'y trouva
pas un bourreau.

De Gordes se proposait de sévir contre les meur-
triers de Romans et de Montélimar, quand le soulèvement des protestants, qui éclata quelque temps après
la Saint-Barthélemy, attira son attention sur d'autres
objets. Dans quelques villes, comme Saint-Marcellin
et Romans, les protestants avaient reçu l'ordre d'aller
à la messe et aux processions. Ils s'étaient prêtés à ces
exigences pour conserver leur vie, ils s'étaient con-
vertis par force. De Gordes blâma ces mesures. Selon
lui, la persuasion seule devait amener des conversions
et non la contrainte. Admirables sentiments, et qui

confondent de surprise de la part d'un homme de
guerre et dans ces temps de fanatisme, où la tiédeur
était un crime. Une pareille conduite console l'âme
attristée de tant d'horreurs, et rend plus étonnants
encore l'oubli de la postérité et l'indifférence que ses
compatriotes ont témoignée si longtemps à ce bienfai-
teur de l'humanité.

Après la Saint-Barthélemy, une terreur profonde
s'était emparée un moment des protestants; les temples
étaient déserts et les principaux chefs s'étaient réfu-
giés à l'étranger ou se tenaient cachés. En vain de
Gordes essayait de rassurer ceux dont il connaissait la
retraite. Pour obéir aux ordres pressants de la cour,
il fit publier dans toute la province la circulaire suivante, que nous empruntons à l'ouvrage de M. Long,
que j'ai déjà cité :

« Monsieur, je suis adverti de vos déportements,
mais vous debvriez souvenir des advertissements que je
vous ay cy-devant faicts, et retourner vous-mesme à
la religion catholique, qui serait le meilleur fort et
appuy que vous sçauriez choisir pour vostre salut et
conservation, en rejettant d'autour de vous ceux
qui vous persuadent du contraire, qui voudraient
plustost voir toute commotion et désordre que ra-
battre aulcune chose de leurs opinions. Et par ce
moyen vous feriez apparaître au roy la volonté que
vous dites d'obéyr à sa majesté; car aussy bien elle
est résolue de ne souffrir plus aultre exercice de religion en son royaulme que la susdite. Vous adressant

de tant que je désire vostre soulagement que ce sera
le meilleur si ainsy le faictes, sans en attendre d'aultres plus exprez édicts; autrement vous pouvez asseu-
rer qu'il ne vous peut que mal venir, et que sa dicte
majesté voudra être obéye. A tant je prie Dieu vous
vouloir adviser et donner ses sainctes graces. De Grenoble, le 6 décembre 1572. Vostre entièrement bon
amy. GORDES. »

Cette circulaire détermina un assez grand nombre
de protestants à renoncer à leur religion pour se convertir au catholicisme. De Gordes écrivit aussi en particulier aux chefs réformés les plus influents afin de les
engager à revenir franchement à la religion de leurs
pères et à se rendre auprès de lui pour se concerter
ensemble. Lesdiguières y vint avec franchise. Cham-
poléon, Morges, Poligny, Bastien, etc., imitèrent
l'exemple du futur connétable; remarquable preuve
de la confiance que de Gordes avait su inspirer à ses
ennemis qui venaient ainsi, même après la Saint-Barthélemy, se remettre entre ses mains. Il les accueillit
avec une extrème bienveillance, les loua vivement de
s'être fiés à lui et usa de toute son influence pour les
amener à une conversion qui eût enfin fait disparaître
la guerre civile. Chorier nous a conservé, probablement d'après les Mémoires de de Gordes, le discours
que celui-ci adressa à Lesdiguières, dont il appréciait la valeur et le mérite, et dont il pressentait
la grandeur future. Lesdiguières avait débuté dans la
carrière des armes en qualité de simple archer dans la

compagnie de de Gordes, et il avait su , dès son début,
se faire connaître de son chef [1]. De Gordes commença par vanter la bravoure et les exploits qui déjà
l'avaient rendu célèbre. Il savait que la louange aide à
la persuasion : « Je serai fort trompé, lui dit-il, si
vous n'êtes pas un jour un grand homme; il ne tiendra
qu'à vous de l'être ; vous n'avez qu'à employer tant de
bonnes qualités pour une bonne cause. » De Gordes
avait le rare talent de juger et d'apprécier les hommes:
l'avenir a ratifié ce qu'il prédisait ainsi à Lesdiguières.
Mais celui-ci, quoique sensible à ces éloges, ne se
laissa pas gagner. Le moment n'était pas venu encore
où ce rude champion de la religion réformée devait ab-
jurer ses erreurs et fermer les plaies de la guerre civile.
Il interrompit de Gordes pour l'assurer qu'il était fier
de son estime , mais qu'il était persuadé que la cause
pour laquelle il avait combattu était juste et sainte ;
que s'il avait pris les armes , la faute en était à ceux
qui avaient persuadé au roi qu'on ne pouvait lui être
fidèle en même temps qu'à Dieu. La réponse de de
Gordes est remarquable ; elle peint l'homme dont j'é-

---

1. Dans la milice française, les gens d'armes tiennent le premier rang et les places n'en étaient remplies que par des gentilshommes bien considérés, parmi lesquels encore il n'y avait pas
peu de jalousie pour y parvenir. Le capitaine Gordes étant de
grande réputation pour sa valeur et pour sa prudence, il ne
pouvait apprendre sous un meilleur maître le métier auquel il se
vouait. Outre qu'il y avait de l'honneur d'être auprès de la première personne de la province. (VIDEL.)

cris la vie. Cette éloquence simple et noble, ces paroles touchantes dans la bouche d'un capitaine dont toute la vie s'était écoulée dans les camps, mais dont le cœur sensible et l'âme haute ne voulaient que la paix et le bien de son pays, inspirent autant d'admiration pour lui que ses hauts faits : « Vous jugez mal de nos pères, lui dit-il, quand vous avez si bonne opinion de vos erreurs. Ils les ont détestées et vous leur ouvrez votre cœur. Avez-vous des lumières qu'ils n'aient pas eues, que le roi n'ait pas, qui manquent à tant de savants hommes qui sont des lumières vivantes? Est-il possible que, durant quinze cents ans, on ait été dans les ténèbres? que les Ambroise, les Augustin, les Léon, et un nombre infini de tant de prélats et de tant d'hommes célèbres n'aient pas vu la vérité, qu'elle ne se soit manifestée qu'à vos Calvin et à vos Bèze, que ces grands hommes aient été trompés ou qu'ils aient voulu tromper? Leur réputation résiste à cette pensée et leur probité, qui les a sanctifiés, sanctifie aussi leur doctrine. Mais quand il y aurait des matières de doute, ni vous ni moi ne serions capables de les résoudre. Il en faut tirer la décision ou de la créance la plus répandue, ou du sentiment du plus grand nombre des savants. Vous êtes condamné par l'un et par l'autre. Vous nous cédez sans doute l'avantage qu'acquiert le nombre à la vérité; le progrès qu'a fait votre prétendue réforme ne lui est pas favorable; il est fort médiocre et n'a pas été bien volontaire. Vos docteurs ont catéchisé par vos intérêts et persuadé par vos épées. Les hommes y ont eu trop de part pour croire que Dieu y en ait pris. Le sort des

armes est une espèce de jugement, mais souverain.
Vous avez presque toujours été battus. Les victoires
des catholiques sont des convictions contre vos erreurs
et contre vos armes. Quel a été le fruit de vos travaux
et de vos pertes? On vous a laissés vivre. Tant de
sang que vous avez répandu n'a guère été agréable à
Dieu dont, à ce que vous publiez, vous proposez la
gloire, puisqu'il n'a pas eu d'autre paix. Dieu s'est ex-
pliqué en faveur du roi par les avantages qu'il lui a
donnés et par ses triomphes. Tous ses desseins prospè-
rent glorieusement et contre vous. Les violences mêmes
passent pour des actes de justice et deviennent louables,
tant on hait votre révolte contre les vérités catholiques
et tant on estime les moyens les plus extraordinaires
de la dissiper et de la punir. Après ce coup, il ne vous
reste plus d'excuse; il faut revenir à notre culte et à
notre religion. Et certes, ce n'est pas la piété qui vous
a armés! L'ambition des chefs a excité la sédition   la
légèreté et l'amour des choses nouvelles, si naturels à
notre nation, y ont fait entrer les faibles. L'exemple a
fait sur eux l'impression criminelle que l'ambition a
faite sur les chefs. Enfin, le roi veut être obéi. Il veut
qu'il n'y ait qu'une religion en son état et que cette
religion soit la sienne, qui est celle qui a rendu les
Pepin et les Charlemagne si redoutables et qui a acquis
tant de gloire au nom français, même au delà des mers.
C'est par où la France, votre patrie, doit remonter au
haut point d'honneur d'où vos armes, tournées contre
elle, l'ont fait tomber. Ce noble corps, quelque grand
et quelque fort qu'il soit, sera toujours inégal aux

grandes entreprises, tant q ses membres ne seront pas d'intelligence entre eux. L'unité de la religion est, dans les états, le principe de l'union, et l'union l'est de la force et de la vigueur. » En lisant ces belles paroles, on se sent ému. Et, quand on se reporte au temps de fanatisme et de fureur où elles furent prononcées, on est saisi d'admiration pour celui qui trouvait dans son cœur, malgré l'injustice de ses ennemis, des arguments persuasifs si opposés à ceux qu'employaient les hommes qui combattaient pour la même cause que lui ; qui préférait le raisonnement à la force brutale et qui, loin de chercher son intérêt personnel dans la continuation de la guerre, ne rêvait que la paix et la concorde pour le bien de tous ses compatriotes. Hélas ! ce noble discours ne put pas entraîner Lesdiguières. Les desseins de la Providence ne devaient pas s'accomplir de sitôt ; bien du sang devait encore être répandu avant qu'il fût donné au Dauphiné de respirer et de se remettre de tant et de si déplorables secousses. Mais un temps viendra où ces paroles, qui n'avaient pas été tout à fait oubliées, se réveilleront dans l'esprit du futur connétable ; où le souvenir de de Gordes, se représentant à sa pensée dans les longues soirées du manoir de Vizille, achèveront de le décider à cette abjuration qui fera tomber les armes des mains du dernier soutien des protestants et amènera cette paix après laquelle de Gordes soupirait, et qu'il ne lui fut pas donné de voir arriver.

La guerre civile ne tarda pas à recommencer. Le massacre de la Saint-Barthélemy excita dans toute la

France un long cri d'horreur, et les protestants, après
un premier moment de stupeur, indignés d'une si
odieuse trahison, qui n'avait parlé de paix et de
concessions que pour les mieux tromper et les égorger
plus facilement, reprirent partout les armes avec un
nouveau redoublement d'énergie et de fureur. L'exemple des autre villes de France entraîna celles du Dauphiné. La lutte s'engagea plus cruelle que jamais. Le
désir de venger leurs frères massacrés rendit les protestants plus impitoyables qu'auparavant, et ils jurèrent
de ne faire aucun quartier à ceux de leurs adversaires
qui tomberaient entre leurs mains. Quelques catholiques modérés se rallièrent même à eux et furent le
noyau de ce qu'on appela depuis le tiers-parti, espèce
de ligue dont les membres prirent le nom de *politiques*
ou *mal contents*, et à la tête de laquelle se placèrent
d'abord Damville, second fils du connétable de Montmorency, et plus tard le duc d'Alençon, prince remuant et orgueilleux, auquel manquaient les qualités
qui font le chef de parti. Cette ligue demandait des
concessions justes, mais impossibles dans l'état actuel
des affaires et des esprits : la liberté de conscience,
l'égalité des deux religions, l'expulsion des étrangers
dans les armées et la diminution des impôts qui écra-
saient le peuple. Les principaux chefs des protestants
avaient presque tous échappé au massacre de la Saint-
Barthélemy, et ils avaient puisé une nouvelle énergie
dans les dangers qu'ils avaient courus. En Dauphiné,
le soulèvement fut le même. Quoique la vie des protestants y eût été épargnée, quoique leur sang n'y eût

presque pas coulé, néanmoins, s'associant à la juste colère de leurs coreligionnaires des autres provinces, ils reparurent plus nombreux et plus menaçants que jamais. Ils s'emparèrent du Pouzin et s'y fortifièrent. Ce fort, qui leur assurait le passage du Rhône et une communication avec leurs frères du Languedoc et du Vivarais, était trop important pour qu'ils le négligeassent. Une quatrième guerre civile recommença, et de Gordes, la mort dans l'âme à la pensée des nouveaux malheurs qui se préparaient, dut s'occuper activement des moyens de repousser la force par la force.

Maîtres du Pouzin, les protestants étendirent leurs ravages jusqu'à Loriol. De Gordes y envoya Rosset, son lieutenant. Pape Saint-Auban tenta de s'emparer de la ville du Buis, mais il échoua dans son entreprise. Montbrun, de son côté, qui avait reparu plus animé et plus brave que jamais, avait rallié autour de lui ses anciens compagnons d'armes et, secondé par eux, il avait essayé de se rendre maître de Valence, Crest, Montélimar, Briançon, Guillestre, à l'aide des intelligences qu'il avait conservées dans ces diverses places ; mais ces menées furent découvertes et il fut partout repoussé. Rosset, à la tête de la compagnie des gens d'armes de de Gordes, tailla en pièces un corps de troupes que les protestants du Vivarais envoyaient au secours de Montbrun. La campagne commençait mal pour eux, cependant ils ne tardèrent pas à reprendre le dessus. De Gordes fit abattre les fortifications de Bourdeaux dans le Diois; mais Orpierre et Serre tombèrent aux mains de Montbrun, et Mens dans celles de Lesdiguières. Un corps de quinze cents hommes que Laborel, gouverneur de Gap, avait conduit au secours de Serre, fut presque anéanti par Montbrun, qui s'avança du côté de Grenoble jusqu'à Vif, dont il s'empara. De Gordes, comme nous l'avons dit plus haut, avait fait détruire les fortifications de Loriol et de Livron, et avait abandonné ces deux villes ainsi démantelées. Montbrun s'en rendit maître, fit relever leurs fortifications, et ces deux places devinrent deux boulevards qui résistèrent long-temps et avec succès aux catholiques, à Henri III lui-même.

Valence fut sur le point d'être surprise ; de Gordes envoya alors dans le Valentinois les capitaines Gobert et Menon au secours de la ville de Saillans. Ils ne purent l'empêcher de tomber aux mains des protestants. De Gordes accourut lui-même et la reprit, ainsi que Chabeuil, Vif, Mens, Nyons et quelques autres places des environs. Mais, rappelé dans le Graisivaudan, il ne put aller au secours de Die que les protestants tenaient étroitement bloquée. Glandage qui y commandait, homme de cœur et de résolution, à force d'énergie, contint les habitants qui parlaient de se rendre, repoussa les assiégants et conserva la ville dont la défense lui était confiée.

Les mesures les plus actives furent prises pour mettre Grenoble à l'abri d'un coup de main. La Motte-Verdeyer, secondé par le capitaine Curebource et les consuls, déploya un zèle remarquable. Il fit arrêter le procureur Fanjat, ainsi que quelques habitants que l'on soupçonnait d'intelligences secrètes avec les ennemis. On les relâcha plus tard. Une conspiration fut découverte pour faire entrer Lesdiguières dans Grenoble et égorger en une nuit tous les catholiques. De Gordes en fit punir les auteurs. A ce propos, Chorier fait une réflexion dont la vérité, juste alors, le sera dans tous les temps, et surtout de nos jours, où au fanatisme religieux a succédé un fanatisme plus funeste encore, plus menaçant et plus terrible que l'hérésie du moyen-âge, s'adressant à l'envie, à la cupidité, tandis que l'autre prenait ses racines dans un certain sentiment religieux qui avait au moins quelque chose de spécieux; jacquerie plus vivace que son aînée, plus profondé-ment enracinée au cœur de la populace dont elle flatte les tristes instincts et les viles passions; que la religion, les lumières répandues dans les masses, le dévouement généreux des classes aisées ne peuvent adoucir et désar-mer, et qui menace la société dans son repos et dans son avenir. — Qui n'a ni honneur, ni bien à perdre, ne hasardant rien, ose tout pour acquérir. —

En apprenant que le soulèvement des réformés deve-nait de jour en jour plus général, les catholiques ouvrirent les yeux sérieusement sur les dangers qui les menaçaient. La noblesse oublia ses dissentiments, offrit à de Gordes son concours loyal, et on résolut de lever dans la province un impôt de cent cinquante mille livres pour les frais de la guerre. Tout à coup la nouvelle d'une paix ou trève conclue à la Rochelle, à l'occasion de l'élection du duc d'Anjou au trône de Pologne, se répandit en Dauphiné, et ce beau zèle s'éteignit. Le 11 juillet, en effet, une sorte de paix fut convenue entre tous les protestants de France, et le roi en donna avis à de Gordes. Il écrivit aussi à Montbrun. Mais celui-ci ne trouvait pas son compte à une situation qui, en le désarmant, l'exposait sans défense à ses ennemis personnels. Aussi, prévoyant bien que son intérêt particulier ne serait pas assez puissant pour être compris dans les mesures générales, il refusa d'adhérer à l'édit de paix, et le désordre régna de nouveau dans tout le Dauphiné. Montbrun, Lesdiguières, Champollion et d'autres chefs protestants s'emparèrent de diverses places; de Gordes, secondé par Antoine de Clermont, le baron de Monteson, Laurent de Sassenage, Gaspard d'Arces, Abel de Loras, Jean de Buffevant, Balthasard de Disimieu, fit tous ses efforts pour leur résister et les forcer à mettre bas les armes. Quand Montbrun eut appris que les protestants du Languedoc et ceux du Vivarais avaient accepté cette paix, il se vit contraint, lui aussi, de traiter avec de Gordes, qui se trouvait alors à Montélimar. Il envoya Lesdiguières et Roësse, qui lui rapportèrent à Dieu-le-fit les articles du traité. Mais s'il y avait désir sincère chez de Gordes de voir renaître la paix, il n'en était pas de même pour Montbrun, qui n'aimait ni le repos ni les suspensions d'armes, et qui ne respirait à l'aise que dans le tumulte de la guerre. En vain le roi lui envoya un de ses officiers pour le ramener à d'autres sentiments; sous un vain prétexte il rejeta tout à coup les accommodements proposés, reprit les armes, s'empara de plusieurs châteaux fortifiés dans les baronnies et le Diois et fit même sur Die une tentative que Glandage fit encore échouer.

Mais la Mure tomba au pouvoir de Lesdiguières et, pour venger la mort du capitaine Bastien, tué en montant à l'assaut, la garnison fut massacrée sans pitié. Les fortifications furent réparées avec soin, une forte garnison y fut placée, et Grenoble commença à trembler, au point que le parlement suspendit ses séances. Mais Montbrun, voyant que ses coreligionnaires du Vivarais et de Provence persistaient à ne pas se soucier de recommencer la guerre et se montraient sourds à ses nouvelles instances, craignant de se voir réduit à ses seules forces pour supporter tout le poids de la lutte, consentit enfin à signer avec de Gordes une suspension d'armes, et il fut convenu que les fortifications de Livron seraient démolies, ce qui néanmoins ne fut pas exécuté.

Cependant l'ordre ne put être complètement rétabli. Tous ces soldats, qui ne vivaient que de pillage, ne pouvaient aisément renoncer à ce genre de vie qui était leur élément depuis de si longues années. Aussi la trève fut bientôt rompue et l'on se prépara de nouveau à la guerre. De Gordes envoya le capitaine Gobert et sa compagnie pour ajouter à la défense de Grenoble, et fit faire dans tout le Graisivaudan le dénombrement des hommes capables de porter les armes. Néanmoins, comme il prévoyait bien que cette partie du Dauphiné, où le nombre des catholiques l'emportait de beaucoup sur celui des protestants, avait moins à craindre, malgré les courses que les garnisons de Vif et de la Mure faisaient jusqu'aux portes de Grenoble, que le Diois et les Baronnies, où le parti protestant dominait, il laissa le

Graisivaudan à la garde du parlement et de quelques-
uns de ses officiers les plus sûrs, et lui-même se rendit
dans les Baronnies, pour activer par sa présence les
travaux de défense des différentes places que les protestants menaçaient. Montbrun s'y était également
rendu et avait surpris le château de Ruinat, puis Alais
dans le Diois. Quelque temps après, il vint assiéger
Valence, mais sa tentative échoua. Il s'en dédommagea
en s'emparant du château de Saint-André en Royans.
Chaque jour était signalé par quelque perte nouvelle
pour les catholiques et par quelque trait d'adresse ou
d'audace de Montbrun. La noblesse dauphinoise était
alors presque tout entière sous les armes. Les progrès
de la religion réformée s'étendaient de plus en plus;
la Saint-Barthélemy avait rempli tous les cœurs de
désirs de vengeance; la guerre était devenue plus cruelle
que jamais : rien n'était à l'abri de la fureur du soldat.
Une ligue solennelle eut lieu entre tous les nobles
catholiques du Viennois et du Graisivaudan pour la
défense de leur patrie et de leur religion. Ils élurent
pour chefs, dans le Viennois, Balthasard de Disimieu,
Michel de la Poype, seigneur de Serrières, et Jean
Paschal, seigneur du Colombier; dans le Graisivaudan,
Jean-Claude Alleman, baron d'Uriage; Charles-Antoine
Bectoz, sieur de la Perrière, et Laurent de Commiers,
sieur de Sainte-Agnès. De Gordes approuva vivement
cette mesure et fit entrer dans cette ligue la ville de
Grenoble ainsi que le parlement. La noblesse mit sur
pied quinze cents fantassins et deux cents cavaliers; le
parlement arma une compagnie à ses frais. Mais ce

beau zèle ne se soutint pas, et de Gordes ne retira
pas d'avantage de ces armements.

Tout en combattant, on nourrissait toujours l'espoir
d'une paix chimérique. Des négociateurs furent envoyés
à cet effet à Montbrun. Ce furent Villeroy, secrétaire
d'état du roi, et Saint-Sulpice, surintendant de la
maison du duc d'Alençon. Ils se rendirent à Montélimar,
où ils pensaient rencontrer Montbrun; mais celui-ci,
loin de les attendre, s'empara par surprise de la ville
de Grane dont le roi avait fait présent à de Gordes.
La garnison fut massacrée, les habitants catholiques
eurent le temps de se sauver. La perte de cette place
fut sensible à de Gordes; aussi ses ennemis ont-ils
pris texte de là pour l'accuser d'avoir contribué
plus tard, par vengeance, à la condamnation et à la
mort de Montbrun. Comme si le noble caractère
de de Gordes, accoutumé aux hasards de la guerre,
ne le mettait pas à l'abri d'une pareille accusation.
Certes, dans bien d'autres circonstances, nous l'a-
vons vu et nous le verrons encore sacrifier sa fortune
pour payer ses soldats et consoler les infortunées
victimes de ces luttes fratricides; nous le verrons
tendre, sans se lasser, la main à Montbrun pour le
ramener à des sentiments de paix et d'union qui
devaient, en mettant fin à la guerre, soulager la
malheureuse contrée dont l'administration et la défense
lui étaient confiées; nous le verrons, jusqu'au dernier moment, solliciter la cour pour la vie de son
rival, comme il avait sollicité naguère pour sauver celle
de des Adrets, et gémir sur l'implacable rancune de

Henri III qui seule fit tomber la tête du prisonnier,
à qui on avait cependant garanti la vie quand il se
rendit. Que lui importait la perte de Grane, dont le
roi pouvait facilement le dédommager? Les âmes
élevées comme la sienne ne connaissent pas la rancune
et ne se délectent pas à d'ignobles vengeances. Néanmoins, comme son devoir lui prescrivait de tout faire
pour contraindre Montbrun à déposer les armes et à
consentir à une paix sincère, il crut devoir envoyer
des troupes sur les terres qui lui appartenaient. Un
butin considérable y fut fait ; de Gordes ne garda
rien pour lui et, après s'être assuré que tout était
de bonne prise, que rien n'avait été enlevé aux catholiques, il fit distribuer aux troupes la totalité de
ce qui avait été pris.

François de Bourbon, prince-dauphin d'Auvergne,
connu sous le nom de Prince-Dauphin et même de
Dauphin, nommé gouverneur du Dauphiné, après la
mort de son père, venait d'arriver à Lyon. De Gordes
se rendit sur-le-champ auprès de lui. Le prince était
jeune, il était jaloux de son autorité. Les ennemis de
de Gordes en profitèrent pour chercher à le perdre
dans l'esprit du nouveau gouverneur, qui se laissa
trop facilement aller à leurs perfides insinuations. Dans
un conseil de guerre qui fut assemblé à Lyon, et dans
lequel on décida qu'on imposerait deux cent mille
livres sur la province pour frais de guerre, de Gordes
se vit traité avec une hauteur à laquelle il ne devait
pas s'attendre après les services qu'il avait rendus.
Aussi ne dissimula-t-il pas son mécontentement et,

quoique en termes respectueux, il rappela au jeune
prince le souvenir de ce qu'il avait fait et des égards
qui lui étaient dus, avec une fermeté et une noblesse
qui confondirent ceux de ses ennemis qui se réjouis-
saient déjà de sa chute prochaine. Mais une secrète
amertume resta depuis ce jour au fond de son cœur. Il
sentit qu'il n'avait pas de reconnaissance à attendre
pour son dévouement et ses services, puisque ceux
qu'il défendait lui étaient aussi hostiles que ses ennemis et lui rendaient moins de justice. Il dut faire un
appel énergique à tout son amour pour son pays,
afin de ne pas se retirer sur-le-champ et l'abandonner
à sa destinée. Le premier président et quelques-uns
de ses amis vinrent au secours de cette âme ulcérée
et calmèrent son découragement, en lui rappelant
qu'il se devait à sa patrie sans réserve. Ce nom magique
suffit pour l'arrêter dans la résolution qu'il avait
formée d'envoyer au roi sa démission.

Le jeune prince s'avança jusqu'à Saint-Marcellin ;
il envoya une partie de ses troupes dans le Royannais.
Au Pont-en-Royans, les soldats catholiques ayant
maltraité les protestants, Montbrun accourut, s'empara de la ville et y fit passer au fil de l'épée cinq cents
hommes qui la défendaient, presque tous Dauphinois.

Sur ces entrefaites, Charles IX mourut. Sa mort ne
produisit aucune impression en Dauphiné. Le roi était
peu de chose alors; la patrie n'était plus rien aux
yeux de ce malheureux peuple que la guerre décimait
depuis tant d'années, et qui se demandait en vain
quand viendraient pour lui des temps meilleurs.

NOTICE

Qu'avait-il à espérer du roi de France? Quels secours avait-il reçus de Charles IX dans sa détresse? Qu'avait-il à attendre de son successeur? On avait laissé la Réforme s'étendre dans la province; on avait désiré la paix, sans rien faire de ce qu'il fallait pour l'établir sérieusement et la rendre durable. Les concessions qui auraient désarmé les protestants et fait renaître le calme et l'union, avaient été promises et accordées à regret, puis retirées peu de temps après. Le dernier prestige de la royauté s'était effacé à la Saint-Barthélemy, et le nouveau roi, que l'on accusait d'avoir été un des principaux moteurs des mesures sanglantes prises contre les protestants, était exécré par eux et ne devait pas tarder à devenir également l'objet du mépris des catholiques. Aussi les regards ne se tournaient plus du côté de Paris, et le peuple se résignait à souffrir, sous quelque maître que ce fût.

Montbrun s'était emparé du Pont-de-Beauvoisin et, enhardi par ce succès, il avait marché sur Die. Un premier avantage remporté sur quelques corps avancés lui fit croire qu'un coup de main le rendrait maître de cette ville; mais Glandage, qui déjà l'avait repoussé, habilement secondé par son lieutenant Faure de Vercors et par la population catholique, en tête de laquelle des prêtres mêmes combattirent, le força cette fois encore de se retirer. De Gordes et le prince dauphin accoururent au secours de Die, s'emparèrent d'Allex et vinrent ensuite assiéger Livron, situé sur un coteau, et dont Montbrun avait fait rétablir soigneusement les remparts, détruits par de Gordes,

comme nous l'avons dit, pour ne pas disséminer ses
troupes en multipliant les garnisons. Cette ville, qui
n'est plus le Livron d'aujourd'hui, était située au
sommet d'une colline d'un difficile accès. L'enceinte,
environnée de murs, était assez considérable pour
exiger une garnison nombreuse, c'est ce qui avait
engagé de Gordes à la comprendre au nombre des
villes qu'il fit démanteler. Aujourd'hui, il ne reste
plus rien de ces fortifications anciennes; les derniers
vestiges en ont été détruits par ordre de Louis XIII,
et le bourg actuel lui-même s'est éloigné de la place
qu'occupait l'ancien. Mais le souvenir des deux siéges
si héroïquement soutenus par cette modeste bourgade
vivra éternellement dans l'histoire des guerres du
Dauphiné. C'est le 13 juin que le jeune prince-dauphin
parut devant ses murs. Le gendre de Montbrun, Roësses,
qui y mourut glorieusement, commandait dans la place.
L'artillerie fit d'abord une large brèche, puis l'assaut
fut ordonné. Antoine Chaboud, homme d'armes de la
compagnie de de Gordes, se fit remarquer en montant
à la brèche. Montbrun, de son côté, fatiguait les assiégeants par des courses continuelles jusqu'auprès de
leurs retranchements, enlevant des convois et faisant
des prisonniers. Aussi le prince dut-il se retirer, cons-
terné des pertes qu'il avait essuyées dans l'assaut,
quoique Eustache de Piémont ait écrit qu'il s'était retiré
sans avoir essayé de le donner. Il se rendit à Étoile,
il s'empara ensuite du château de Crussol. Peu de
temps après, il fit une espèce d'entrée solennelle dans
Grenoble, accompagné de de Gordes. De Grenoble, il

partit pour le Pont de Beauvoisin, allant au-devant de Henri III qui revenait de Pologne prendre possession d'un trône bien ébranlé par les guerres civiles. C'est près de cette ville que Montbrun attaqua l'escorte du roi et pilla ses bagages, répondant à ceux qui le blâmaient de cet acte de témérité : *Que les armes et le jeu rendent les personnes égales, et qu'en temps de guerre, quand on a le bras armé et le cul sur la selle, tout le monde est bon compagnon.* Je ne rappelle cet incident que parce qu'il fut plus tard la cause de la mort de Montbrun, lorsque, vaincu et fait prisonnier, condamné à périr sur l'échafaud, il se vit refuser une grâce que de Gordes et toute la noblesse dauphinoise sollicitèrent vainement pour lui, et qui avait été si facilement accordée à des Adrets.

De Gordes assista à l'entrevue du nouveau roi et de la députation des états de la province. Son fils Gaspard l'accompagna. La mort planait déjà sur la tête de ce vaillant jeune homme qui marchait si noblement sur les traces de son père, et qui devait bientôt, à vingt-un ans, tomber à Montélimar, en combattant contre les protestants. Un autre de ses fils, Balthasard, succombera glorieusement aussi, à vingt-quatre ans, devant le Monestier de Clermont, en 1586; mais du moins de Gordes ne verra pas cette mort.

A peine arrivé à Lyon, Henri tint un grand conseil de guerre où toute la noblesse fut convoquée. De Gordes y assista avec le duc de Savoie. On s'y occupa des affaires de la province et des moyens de contraindre Montbrun et les protestants à accepter et à observer la

paix. On y décida de reprendre le siége de Livron.
Mais avant de se présenter devant cette dernière ville,
on s'empara de Loriol et on fit le siége du Pouzin. Le
premier jour, de Gordes se rendit maître des faubourgs
à la tête de sa compagnie, et parvint à s'y établir,
malgré tous les efforts de l'ennemi pour l'en déloger.
D'Ourches, son gendre, y fut dangereusement blessé.
Quelques jours après, la ville fut prise et le capitaine
Gay y fut laissé comme gouverneur. De Gordes mena
immédiatement ses soldats devant Privas, et somma
cette ville de se rendre, ce qu'elle n'osa refuser. Après
cette heureuse expédition, l'armée repassa le Rhône
et rentra en Dauphiné. Le roi écrivit à de Gordes et
à d'Ourches la lettre la plus flatteuse afin de les remercier de leurs services. Ce dédommagement était dû
à de Gordes, pour le consoler de la conduite qu'avait
tenue vis-à-vis de lui le prince-dauphin, et suffit
à effacer de son esprit son premier ressentiment.
Peu de jours après, Grane fut reprise, mais de Gordes
n'y trouva que des ruines et des cendres, car les assiégés y mirent le feu en se retirant, et les vainqueurs
achevèrent ce que les vaincus avaient commencé.

Cependant le jeune gouverneur se sentait déplacé
dans le camp, où son inexpérience devait céder constamment à la sagesse et à l'autorité de de Gordes qui
l'*agaçait trop*, disait-il ; il se souciait peu d'ailleurs
de subir un second échec. Après s'être efforcé de nouveau et toujours inutilement d'amener Montbrun à
consentir à un traité, il partit laissant l'armée à de
Gordes. Le roi lui-même avait écrit à Montbrun une

longue lettre pour le décider à déposer les armes ; il n'en avait reçu qu'une réponse très-courte, en termes blessants et écrite sur un carré de papier. La duchesse de Savoie, Marguerite, ayant également tenté de l'amener à conclure une paix sérieuse, n'avait pas mieux réussi : la destinée de Montbrun devait s'accomplir. Le roi n'oublia rien, et les réponses altières de Montbrun lui coûteront bientôt la vie.

De Gordes, désormais maître de ses actions, assiégea et prit le château de Ruinat ou Roynac, que commandait Saint-Ferriol. Le roi y gagna plus qu'un château fort, il y gagna un loyal serviteur. Car Saint-Ferriol, suivant les conseils de de Gordes, dont la valeur et la sagesse l'avaient charmé, s'attacha à lui et abandonna le parti de la Réforme.

La guerre sévissait dans le Languedoc en même temps que dans le Dauphiné. Henri III se rendit à Avignon accompagné de de Gordes. Il confirma Saint-Marc dans le gouvernement de Vienne. Peu de temps après, il donna une nouvelle marque de son estime pour de Gordes en révoquant, à sa prière, une décision qu'il venait de prendre et par laquelle il avait érigé en offices les fonctions de receveurs et de collecteurs des deniers qui s'imposaient sur les communautés, ce qui allait avoir pour effet de rendre les communautés dépendantes de ces fonctionnaires qui avaient jusque-là dépendu d'elles. Sur les remontrances des états de la province, de Gordes fit agir son crédit auprès du roi, et la mesure fut suspendue.

Montbrun et Roësses, ne doutant plus que l'inten-

tion de de Gordes ne fût d'assiéger Livron, en renfor-
cèrent la garnison et prirent toutes les mesures nécessaires pour le garantir des éventualités d'un nouvel
assaut. Le 19 décembre, le maréchal de Bellegarde,
Roger de Saint-Lary, se présenta devant ses murs, à la
tête d'une armée de sept à huit mille hommes, composée de quatorze compagnies des gardes du roi, douze
d'arquebusiers levés en Dauphiné, de trois cents de
vieilles bandes, douze enseignes de Suisses, de neuf de
Piémontais, de quatre compagnies de gens d'armes et
de huit cornettes de reitres (Guy-Allard). De Gordes
reconnut avec soin les environs de la place et, le
20 décembre, on commença à faire jouer vingt-deux
pièces de canon pour la battre en brèche. La garnison
se composait de quatre cents hommes. Les femmes, les
enfants, les vieillards combattirent avec elle et montrèrent un courage extraordinaire. Par d'heureuses
sorties, ils parvinrent plusieurs fois à détruire les ouvrages avancés de l'ennemi et portèrent le désordre jusque
dans son camp. Deux assauts successifs furent repoussés,
et les vainqueurs, insultant aux efforts impuissants de
leurs ennemis, placèrent sur leurs murailles une vieille
femme qui filait tranquillement sa quenouille. L'intrépide capitaine Roësses, qui avait déployé tant de valeur
et d'habileté, fut tué sur la brèche, frappé d'une balle
au front. On cacha sur le moment sa mort aux soldats
que cette nouvelle pouvait décourager. Peu de temps
après, le choix des capitaines assiégés élut pour leur
chef le brave La Haye, jeune homme de vingt-quatre
ans. Il se montra le digne successeur de Roësses, et son

exemple électrisa les héroïques défenseurs de cette humble bourgade qui s'acquit à cette époque une impérissable renommée. En vain les assiégeants creusèrent des mines; en vain ils donnèrent un troisième assaut plus furieux que les précédents; en vain le feu de leur artillerie abattit une partie des murailles, tous les efforts de l'armée catholique se brisèrent devant la résistance désespérée des habitants. Le dernier assaut dura dix heures; les assiégeants voulaient laver leur affront, les assiégés défendaient leurs foyers. Tant de courage dans une si triste cause ravit et afflige en même temps! Les guerres civiles ont cela de particulier, que les plus beaux traits d'héroïsme auxquels elles peuvent donner lieu causent toujours une impression douloureuse. On gémit involontairement quand on voit des hommes s'égorger mutuellement; la douleur est bien autrement vive, quand ces hommes sont des compatriotes, des amis, des parents! Henri III, qui se trouvait momentanément en Dauphiné, à son retour d'Avignon, étonné de tant de résistance, vint lui-même au camp devant Livron pour exciter par sa présence l'ardeur des soldats. En vain leur fit-il distribuer de l'argent : l'argent ne donne pas cette ardeur patriotique qui enfante les prodiges. Il ne resta que quelques heures devant la place et fut salué, lorsqu'il s'éloigna, par les cris et les huées des habitants. Enfin, après un siége de trente jours, l'armée catholique, découragée, décimée par le fer de l'ennemi, le froid et les maladies engendrées dans le camp, fut contrainte de se retirer, et Livron, du haut de ses murs écroulés, contempla avec orgueil le départ de cette armée qui n'avait pu triompher d'une poignée de soldats, de femmes et d'enfants.

De Gordes avait été obligé de se séparer du maréchal de Bellegarde avant la levée du siége et de se rendre à Valence, ensuite à Romans, pour assister, le 16 janvier 1575, à l'assemblée des états de la province que le roi y présida en personne. Il y fut décidé que le tiers-état entretiendrait deux mille hommes et la noblesse cinquante hommes d'armes pour aider à la défense des villes et des châteaux. Le clergé s'engagea, de son côté, à payer un subside considérable. De Gordes joignit à ces troupes les débris de l'armée royale qui s'était dispersée après le siége de Livron, et il se trouva en état de résister à Montbrun que ses succès avaient rendu plus hardi et plus entreprenant que jamais.

C'est à cette époque que son cœur fut soumis à une cruelle épreuve par la mort de son fils aîné, Gaspard. Cujas et l'évêque de Valence lui annoncèrent les premiers cette triste nouvelle, et toutes les consolations de l'amitié lui furent prodiguées. Il parvint, à force d'énergie, à surmonter sa douleur. La mort de son fils avait été glorieuse; il avait succombé noblement, les armes à la main, en combattant pour son roi, sa religion, son pays. Le plus à plaindre était son malheureux père, qui avait fondé sur lui de si hautes espérances. Mais il n'était pas libre de s'abandonner longtemps à ses tristes pensées. Son devoir l'appelait à s'opposer aux progrès que Montbrun faisait chaque jour. Ce dernier menaçait principalement la ville de Die. Le moment approchait où ce hardi partisan devait éprouver

un dernier et terrible échec. De Gordes prit toutes les
mesures en son pouvoir pour mettre Die en état de
résister. Tout-à-coup on vint lui annoncer que les
Suisses refusaient de marcher et qu'ils réclamaient avec
menaces le paiement de leur solde. L'argent manquait
et la province épuisée était hors d'état d'en fournir.
Dans cette extrémité, de Gordes n'hésita pas. Il vendit
son argenterie, ses bijoux, les diamants de sa femme,
tout ce dont il put se défaire, et paya les Suisses. Par
ce généreux sacrifice, il maintint ces utiles auxiliaires
et put opposer à Montbrun des forces capables de
lutter contre lui avec quelque chance de succès [1].

De nouveaux chagrins vinrent encore le frapper.
François d'Avançon, évêque de Grenoble, et d'Exea,
vice-sénéchal de Montélimar, moururent à peu d'intervalle l'un de l'autre. De Gordes fut vivement impres-
sionné par ces deux pertes. L'évêque d'Avançon et
d'Exea étaient ses amis et les sincères admirateurs de
ses vertus et de son dévouement. Tous deux l'avaient
constamment secondé de toute leur influence et consolé
dans ses moments d'épreuves et de découragement.
François d'Avançon fut regretté à Grenoble où sa piété,
son humanité et sa douceur lui avaient concilié l'estime
et l'affection de tous les partis. Simple et modeste, il
avait passé sa vie, loin des intrigues et du bruit, à faire

---

1. La misère du peuple était grande; les ordres privilégiés
étaient à l'abri, et la noblesse militaire ne songeait qu'à s'enrichir
par le butin et les contributions. On comptait peu de généraux
désintéressés comme de Gordes (LONG).

du bien, et il légua en mourant une grande partie de sa
fortune aux pauvres de son diocèse. Son successeur,
François Flehard, abbé de Ruricourt, ne sut pas marcher tout d'abord sur ses traces. Les premiers actes de
son administration excitèrent dans Grenoble de violents
désordres. Il fallut toute l'énergie et la sagesse de
de Gordes pour calmer l'irritation des esprits.

Tranquille enfin de ce côté, de Gordes, à la tête des
Suisses qui composaient sa principale force, se dirigea
vers Châtillon en Diois, que Lesdiguières était venu
assiéger. Ce bourg est situé dans une vallée qui fait
communiquer le Diois et le Trièves; il était défendu par
une forteresse qui depuis a été détruite et dont il sub-
siste encore quelques restes. Les principales forces de
de Gordes consistaient en vingt-deux compagnies de
Suisses, cinq cents arquebusiers et trois cents chevaux.
D'Ourches, son gendre, lui avait envoyé un corps de
trois mille Suisses, ce qui faisait monter sa petite armée
à six mille hommes environ. Devant des forces aussi
supérieures, Lesdiguières n'eut d'autre parti à prendre
que celui de se retirer. A la nouvelle du danger qui menaçait son lieutenant, Montbrun franchit avec sa rapidité
ordinaire les montagnes qui le séparaient de Châtillon.
De Gordes, heureux de trouver enfin une occasion
d'en finir avec cet homme, brave, sans contredit, mais
dont l'humeur inquiète et l'ambition entretenaient sans
cesse la guerre, abandonna Châtillon et se porta au-
devant de lui. En chemin, sous le prétexte qu'en laissant leurs bagages à Crest, comme de Gordes l'avait
ordonné, ils risquaient de les perdre, les Suisses refu-

sèrent encore de marcher. De Gordes, sans hésiter,
répondit de la perte qu'ils pourraient éprouver et s'engagea à les dédommager à ses frais. Il continua dès
lors sa marche, harcelé par les protestants, qui composaient presque toute la population du pays, et contre
lesquels il avait à soutenir à chaque instant quelques combats partiels dont il sortait toujours vainqueur, mais qui ne laissaient pas que de lui faire
éprouver des pertes. Enfin il parvint à atteindre Montbrun qui avait pu opérer sa jonction avec Lesdiguières. Les Suisses firent bravement leur devoir.
Montbrun et Lesdiguières furent défaits, quoique les
récits des protestants aient affirmé leur victoire. Selon
ces mêmes récits, ils n'auraient perdu que sept hommes.
En présence d'une telle exagération, la relation des
historiens catholiques doit être admise de préférence,
puisque de Gordes força Montbrun à repasser le Bez,
et qu'il put augmenter la garnison de Châtillon. Le
lendemain, de Gordes se replia sur Die pour n'être pas
pris entre deux feux. Montbrun le poursuivit et vint
l'attendre, d'après le récit de Videl, dans un défilé
près du pont d'Oreille. Ce pont qst situé sur le ruis-
seau profond de Val-Croissant qui va se jeter dans la
Drôme, à quelque distance de Die. Selon Mézeray et
d'Aubigné, le combat aurait été livré au passage d'un
pont sur la Drôme même. De Gordes, malgré le désa-
vantage de sa position, accepta la lutte et prit toutes
les mesures qui pouvaient lui assurer la victoire.
Néanmoins ses troupes furent battues et éprouvèrent
une perte considérable. A la tête des compagnies fran-

çaises, il s'efforça vainement de rétablir le combat. La
lance à la main, il chercha longtemps Montbrun pour en
finir avec lui corps à corps, mais il ne put le joindre.
Après avoir lutté pendant douze heures et couru plusieurs fois le danger d'être tué ou fait prisonnier, il
parvint à gagner Die. Lesdiguières assista à cette
bataille et s'y fit remarquer par son sang-froid et sa
bravoure. Les pertes de de Gordes se montèrent à
quinze cents hommes environ, parmi lesquels six à sept
cents Français et seize capitaines. Cependant les historiens varient encore entre eux à ce sujet. Selon Chorier,
la perte essuyée par les troupes catholiques ne fut que
de trois cents Suisses et cinq cents Français. D'après
de Serres, Montbrun n'aurait perdu que six hommes, et
d'après d'Aubigné, que vingt-deux. Mais leur récit,
partial et infidèle évidemment, ne saurait être admis,
puisque, de l'aveu même de ces historiens, les Suisses
combattirent longtemps et avec bravoure. Ce détail
suffit pour faire comprendre avec quelle réserve il
faut admettre les relations des écrivains contemporains,
que la passion entraînait à diminuer leurs pertes et à
exagérer celles de leurs adversaires. M. Delacroix,
dans sa Statistique de la Drôme, croit, d'après une
vieille tradition, que le nom de pont d'*Oreille* ou *des
Oreilles* vient de ce que les vainqueurs coupèrent les
oreilles des morts et en firent un barbare trophée de
leur victoire. Cette opinion paraît erronée. M. Long
affirme que, bien longtemps avant la défaite des Suisses,
les titres de reconnaissance de l'ancien chapitre de Die
donnaient ce même nom au pont près duquel se livra

cette bataille, une des plus importantes parmi celles qui eurent lieu entre les protestants et les catholiques.

Malgré ses pertes, l'armée de de Gordes n'était ni démoralisée ni détruite. Elle brûlait, au contraire, du désir de se venger de sa défaite. Montbrun ne sut pas profiter de sa victoire et, au lieu de poursuivre son adversaire et de s'emparer de la ville de Die, il lui donna le temps de se procurer des renforts. De Gordes, en effet, à peine arrivé à Die, avait envoyé à d'Ourches, son gendre, l'ordre de lui amener les troupes dont il pourrait disposer. Il avait usé également de tout son ascendant pour rassurer les Suisses, dont le colonel avait été tué, et il était encore si redouté dans cette position, quoique la ville ne fût que médiocrement fortifiée, que Lesdiguières, malgré son audace habituelle, n'osa en approcher de trop près et se contenta de brûler des moulins que Glandage avait, cette nuit-là, négligé de faire garder.

Cependant d'Ourches, à la réception du message de de Gordes, s'était empressé de se mettre en marche pour le secourir. Il lui amenait deux mille cinq cents hommes de pied, douze cents lances sous les ordres de L'Etang, et quatre cents arquebusiers à cheval que commandait Rochefort. Deux chemins conduisaient à Die, l'un par la plaine le long de la Drôme, l'autre par les montagnes dont les catholiques étaient maîtres, tandis que les protestants occupaient toutes les petites places des environs et la vallée jusqu'aux portes de Die. D'Ourches prit le chemin des montagnes. Montbrun le suivit et résolut d'attaquer ces renforts à leur passage

dans les gorges de Saillans où, grâce à l'excellence
de la position, il lui eût été plus facile de vaincre.
Mais son ardeur et sa destinée l'entraînèrent. Le terme
de sa carrière approchait, et la téméraire valeur qui
l'avait presque toujours bien servi jusqu'alors allait
être la cause de sa perte. Lesdiguières, toujours calme
et prudent, voyant son chef sur le point d'abandonner
sa position à l'abri des rochers et décidé à s'avancer
dans la plaine, voulut en vain l'en empêcher. « Passez
ou me laissez passer, monsieur de Lesdiguières ; où
est donc le courage? » lui cria-t-il. Lesdiguières se
tut devant cette parole impérieuse et se prépara à
vendre chèrement la victoire à ses adversaires. Montbrun traverse le pont de Mirebeau, sur la Gérouane, et
attaque avec sa fureur ordinaire l'armée catholique.
Celle-ci avait à prendre sa revanche des pertes qu'elle
avait subies au pont d'Oreille et de la défaite qu'elle y
avait essuyée. Aussi la mêlée fut vive et la victoire
disputée avec acharnement. Les soldats de Montbrun
jetèrent d'abord le désordre dans les rangs des catholiques, mais de Gordes parvint à rallier les siens, les
ramena au combat et, faisant donner à propos sa réserve,
il fit à son tour lâcher pied aux protestants. Dès lors
la déroute se mit dans l'armée de Montbrun. En vain
chercha-t-il à plusieurs reprises à ramener ses soldats
au combat; abandonné de tous, désespérant de la victoire, il chercha, selon les uns, la mort dans les rangs
ennemis, selon d'autres, il voulut prendre la fuite pour
ne pas tomber vivant dans les mains des vainqueurs.
En s'efforçant de faire franchir à son cheval le canal

d'un moulin, l'animal s'abattit et Montbrun, dans sa chute, se cassa la cuisse. Dans le premier moment, il fut sur le point d'être tué par un capitaine italien ; mais les chefs catholiques arrivèrent à temps pour s'opposer à cet assassinat. Il se rendit à François du Puy de Rochefort et à d'Ourches, ses cousins, qui lui promirent la vie. L'historien de Thou a écrit que les protestants perdirent dans ce combat vingt-six hommes et les catholiques plus de deux cents. Le récit de de Thou est évidemment empreint de partialité, ainsi que quelques-uns de ses jugements sur de Gordes. L'armée catholique était animée par le souvenir de sa première défaite ; la déroute des protestants fut si complète que les autres historiens disent que leur armée fut presque entièrement détruite : cette opinion est infiniment plus admissible. Lesdiguières put s'échapper du champ de bataille ; il rallia à Pontaix les débris de ses troupes, naguère triomphantes, et qui paraissaient maintenant aussi abattues de leur revers que de la prise de leur chef.

De Gordes donna des ordres pour que Montbrun reçût les soins que réclamait sa blessure et fût traité avec tous les égards dus au courage malheureux. Il fit venir le chirurgien que Montbrun désigna lui-même. La femme et les amis du prisonnier eurent la permission de le visiter, avant qu'il fût transporté à Crest. La prise de Montbrun causa parmi les protestants un découragement profond. Malgré la confiance que Lesdiguières avait su déjà inspirer à ses soldats, on la regarda comme la ruine du parti en Dauphiné.

Montbrun était prisonnier de guerre. On lui avait

garanti la vie sauve lorsqu'il s'était rendu à d'Ourches.
Jusqu'alors les prisonniers de ce genre avaient été
traités de la même manière et admis à se racheter.
Aussi un vif sentiment d'indignation éclata parmi les
protestants, lorsque, au mépris des lois de la guerre
et de la parole de ceux à qui Montbrun s'était rendu,
le roi ordonna de le conduire à Grenoble et de lui
faire faire son procès par le parlement. Henri nourrissait contre lui un profond ressentiment depuis le jour
où le hardi partisan avait pillé ses bagages et avait
répondu à ce sujet d'une manière si fière et si hau-
taine : *Je sçavais bien qu'il s'en repentirait*, s'écria-t-il.
*Il en mourra, et il verra à cette heure s'il est mon
compaignon.* » De Gordes fut contraint d'obéir et
d'amener Montbrun à Grenoble, où il fut enfermé
dans la conciergerie du palais. Mais là se borna sa
soumission à la volonté royale. Il refusa de faire
partie de la commission qui jugea et condamna son
rival : il avait l'âme trop noble pour voter la mort de
celui contre lequel il avait combattu loyalement et
que le sort des armes avait trahi. Il blâma même
hautement les ordres donnés par le roi, regrettant de
ne pouvoir s'y opposer. Quelques jours avant l'exécution de l'arrêt qui condamna Montbrun à avoir la
tête tranchée, il quitta Grenoble pour ne pas être
témoin de cette exécution, qu'il regardait comme une
violation des lois militaires constamment suivies jusqu'alors. Que pouvait-il faire de plus? Montbrun n'était
pas son prisonnier; il ne dépendait pas de lui de ne
pas le livrer au roi. Et cependant, un historien dont

les ouvrages jouissent d'une réputation méritée, de Thou, n'a pas craint d'écrire ces lignes aussi remplies d'injustice que de fausseté! « La condescendance qu'il eut pour la reine-mère, en livrant Montbrun à la rage de ses ennemis, le rendit odieux non-seulement aux protestants, mais même à toute la noblesse. » Les autres historiens l'ont vengé de cette indigne accusation que son caractère et sa conduite, si constamment honorables, auraient dû éloigner de lui. Le prince de Condé, Damville, le duc de Guise, sollicitèrent en faveur de Montbrun. Les principaux chefs protestants, réunis à Mens, demandèrent qu'il fût échangé contre des prisonniers importants qui se trouvaient entre leurs mains, menaçant, en cas de refus, de terribles représailles. Justine Allemand de Champ, sa femme, nièce du cardinal de Tournon, offrit, pour sa rançon, de rendre les places de Serres et de Livron dont elle disposait; le roi, implacable dans son désir de vengeance, n'en pressa que plus vivement le jugement et l'exécution. Eustache de Piémont a laissé, dans son Mémorial, des détails circonstanciés sur l'interrogatoire et les derniers moments de Montbrun. Ses réponses à ses juges furent pleines de noblesse et de dignité. Il se défendit avec assurance, mais sans forfanterie; il mourut avec courage. Sa blessure l'empêchant de marcher, on le porta sur l'échafaud, et le bourreau s'y reprit à trois fois pour séparer sa tête de son corps. Les ruines de son château se voient encore au village de Montbrun, dans le canton du Buis, à l'extrémité du département de la Drôme. Fait prisonnier le 29 juillet, il fut exé-

cuté le 12 août, tant la cour mit de précipitation à se
défaire de lui ; aussi est-il très-peu certain que sa grâce
soit arrivée, comme on l'a écrit, deux heures après
son supplice.

Les chefs protestants, qui avaient si longtemps combattu avec Montbrun, vengèrent sa mort. Ses soldats
furent tellement irrités, qu'ils firent des ravages consi-
dérables aux environs de Grenoble (Guy-Allard). Les
protestants célébrèrent la mémoire de leur héros-martyr
dans de longues complaintes qui rappellent les principales circonstances de sa vie aventureuse (D. Long).
Lesdiguières, à peine âgé de trente-deux ans, fut
choisi par eux pour le remplacer. Ses exploits passés,
sa réputation qui grandissait de jour en jour, le rendaient digne de cet honneur qu'il justifia pleinement.
Malgré sa jeunesse, il l'emporta sur Saint-Auban et
d'autres capitaines plus âgés et aussi expérimentés.
La bravoure de Lesdiguières égala celle de Montbrun,
mais il fut plus heureux que lui et plus habile ; il ter-
mina dans la suite ces guerres déplorables et jouit de
la plus haute fortune militaire de ce siècle. Une suspension d'armes eut lieu quelque temps après. Les deux
partis, affaiblis par leurs pertes mutuelles, avaient
besoin de respirer. La stupeur était dans le camp des
protestants ; la tristesse et le découragement dans celui
des catholiques. Les discussions de l'évêque de Grenoble avec le gouverneur de la ville avaient dégénéré, dit
Chorier, en une espèce de guerre civile. Le roi avait
destitué le gouverneur, et l'évêque s'était vu contraint
de quitter Grenoble et de se retirer au château de la

Plaine, à une demi-heure de la ville. De Gordes fit tous ses efforts pour rétablir la paix; mais son caractère si plein de modération ne l'empêcha pas d'avoir un jour une vive altercation avec l'évêque, qu'il rencontra environné d'une troupe de gens armés, contre la défense expresse des édits. A la fin, les efforts de de Gordes pour le rétablissement de l'ordre furent couronnés de succès. Le roi rendit à la Motte le gouvernement de Grenoble, à la demande de de Gordes; l'évêque rentra dans la ville et les désordres cessèrent pour quelque temps. Il est à remarquer combien de Gordes mit toujours de persistance à vouloir choisir lui-même les gouverneurs des villes principales du Dauphiné et à repousser les choix souvent malheureux que faisait la cour. — Il avait besoin de gens qui fussent bien à lui dans les villes, pour faire qu'elles fussent bien au roi. — En effet, dans ces temps déplorables de guerres civiles, il fallait des hommes sûrs à celui sur qui pesait la responsabilité des événements. Les trahisons étaient fréquentes, la fidélité rare; il eût été impossible de rien entreprendre, s'il eût fallu douter du concours franc et loyal des chefs chargés de l'exécution des divers ordres.

Malgré la suspension d'armes convenue, la guerre continuait toujours. Les protestants s'emparaient de quelques villes; les catholiques en faisaient autant de leur côté, les habitants étaient massacrés et pillés, et la défiance continuait de régner partout. Une trève générale fut conclue, elle ne mit pas fin aux hostilités. L'exaltation des esprits était trop grande pour qu'elle pût s'apaiser aussi promptement. La guerre était devenue presque un besoin pour cette soldatesque dont elle était l'unique occupation et la seule ressource. Les chefs aussi, entraînés par leur ambition ou leur fanatisme, ne secondaient que trop le penchant de leurs soldats. Seul, de Gordes, animé d'intentions généreuses et désintéressées, redoublait d'efforts pour calmer les uns et désarmer les autres. Ses paroles se perdaient dans le bruit des disputes religieuses et des récriminations des partis, qui rejetaient sans cesse leurs propres torts sur leurs adversaires. Lesdiguières cependant ne s'endormait pas et, tandis que les catholiques, persuadés qu'il n'oserait désobéir aux ordres du roi, restaient plongés dans une dangereuse sécurité, il tenta de s'emparer de Gap. De Gordes ne comptant plus sur la loyauté de ses ennemis à observer la trêve, assembla le parlement et les députés des villes, le 26 janvier 1576, et fit décréter un impôt pour l'entretien de ses troupes.

Les protestants avaient pris les armes dans toute la province et se montraient menaçants sur divers points. De Gordes pourvut à tout avec sa promptitude et son énergie ordinaires. Il les repoussa du Bourg-d'Oisans, de Gap et de quelques autres villes dont ils avaient cherché à se rendre maîtres. Morestel, près de Bourgoin, avait été surpris par eux ; de Gordes y envoya Champier et Disimieu, qui le leur enlevèrent. Les fortifications en furent détruites, la garnison, qui s'était réfugiée dans le château et qui avait refusé de se rendre, fut victime de la fureur du soldat. Le château d'Allières

fut pris également par de Gordes et d'Ourches, son
gendre, et la garnison, qui répandait la terreur aux
environs, ne put obtenir la vie sauve. Les efforts de
de Gordes, pour contenir ses soldats, furent cette fois
encore impuissants; il put à peine arracher quelques
victimes à leur fureur. Le mot de représailles semblait légitimer à leurs yeux ces sanglantes exécutions.
C'est à cette époque que mourut, des suites d'une
blessure qu'il avait reçue dans une rencontre avec un
parti protestant, près de Montélimar, Rostaing d'Urre,
seigneur d'Ourches, gendre de de Gordes. Il avait constamment secondé les efforts de son beau-père; son
courage, son expérience, sa sagesse, ses sentiments
pleins de noblesse l'avaient rendu cher à son parti, qui
le regretta vivement. Ce fut un coup bien sensible pour
de Gordes qui pleurait encore la mort de son fils. Il
perdait en d'Ourches un partisan dévoué, un bon capitaine, un ami franc et sincère, un autre fils enfin. La
prise de Montbrun avait augmenté sa réputation et les
efforts qu'il fit pour obtenir la ratification de l'échange
proposé par Justine de Champ, femme du prisonnier,
honorent sa mémoire. Il fallait aussi du courage pour
s'exposer alors au ressentiment de la cour en refusant
de s'associer à ses vengeances.

Enfin, après une multitude de siéges et de combats
partiels qui n'aboutissaient, comme nous l'avons dit,
qu'à faire verser inutilement le sang, une nouvelle paix
ou trève eut lieu et fut publiée dans le Dauphiné le
23 juin. Le jugement rendu contre Montbrun fut mis
à néant et sa mémoire réhabilitée; des villes, des

places fortes furent données en ôtages aux protestants;
le libre exercice de leur religion fut autorisé dans un
grand nombre de villes du royaume; on créa, en Dauphiné, une chambre formée en nombre égal de conseillers de leur religion et de conseillers catholiques.
Cette chambre, nommée *mi-partie* ou *de l'édit*, subsista
jusqu'en 1679. Malgré leurs nombreuses défaites, les
protestants obtinrent les avantages qu'ils auraient à
peine pu espérer s'ils eussent été vainqueurs. Mais les
fruits de cette paix furent à peu près nuls, et elle ne
dura que peu de temps, malgré tous les soins que pris
de Gordes pour ne rien faire qui pût blesser les réformés
et leur donner prétexte de la rompre. Il résista néanmoins à la demande qui lui fut faite de rétablir le
prêche dans Grenoble, quoique le parlement, consulté
à ce sujet, y eût en quelque sorte consenti. Pendant
le peu de temps que dura cette paix, les protestants et
les catholiques se répandirent en plaintes amères et en
accusations violentes les uns contre les autres. Les
états généraux venaient d'être convoqués à Blois. Des
mesures extrêmes y avaient été conseillées, malgré la
sage opposition des députés du Dauphiné, qui voulaient
que l'on n'employât que des voies *douces, paisibles et
sans guerre* pour ramener leurs frères égarés. Ces résolutions furent à peine connues que les protestants se
soulevèrent de nouveau. Lesdiguières s'empara de Gap,
à la faveur d'une fête pendant laquelle les habitants,
livrés aux danses et aux festins, avaient négligé toute
garde. La trahison l'aida aussi dans le succès de cette
entreprise. Quelques jours après, Die, qui avait résisté

si longtemps, fut prise également. Les églises, le palais épiscopal, furent profanés et détruits. Le château de la Mure fut assiégé à son tour. De Gordes y envoya les capitaines Menon et Michallon pour le secourir. Les troupes lui manquaient pour résister avec quelque chance de succès aux attaques des protestants. Il fit faire de nouvelles levées, tira des renforts du Piémont, et se rendit lui-même à la Mure pour encourager par sa présence les soldats de la garnison. Comme Vizille était également menacé, afin de mettre à l'abri des courses de Lesdiguières ce qui était en deçà de la rivière de la Romanche, il fit abattre le pont de Champ et ne négligea rien de ce que commandait la prudence pour être en mesure de faire face à un ennemi qui ne lui laissait ni trève ni relàche. Mais malgré toutes ces précautions, il ne put empêcher les protestants de s'emparer de Donzères, de Puy-Saint-Martin et de Saint-Paul-Trois-Châteaux. Lui-même reprit Loriol.

Cependant les états généraux avaient établi en principe que la noblesse catholique s'associerait pour combattre les huguenots. Cette association, qui prit ensuite le nom de ligue, fut plus tard dans l'Etat comme un troisième parti, et le plus redoutable par l'exaltation de ses membres et les passions de ses chefs. La faiblesse de l'autorité royale aida puissamment à son rapide accroissement. Elle envoya dans toutes les provinces des espèces de formulaires que chaque gouverneur devait faire signer à la noblesse catholique de son gouvernement. De Gordes ne put se dispenser d'exécuter les ordres qui lui furent transmis à cet égard. Glandage, Puy Saint-Martin, d'Arces, Disimieu, Chabrillan et un grand nombre d'autres capitaines renommés et influents donnèrent sans hésiter leur adhésion ; mais quand on voulut faire signer le baron des Adrets, celui-ci refusa, retenu sans doute par ce vieux levain de haine contre les catholiques qui avait résisté à toutes les avanies dont les protestants avaient abreuvé la fin de sa carrière militaire. Cette ligue n'eut pas de grands résultats pour le bien de la province. Les huguenots, loin d'en être intimidés, redoublèrent au contraire d'audace, et après avoir repoussé les tentatives que Menon et Michallon firent pour reprendre la Mure, ils vinrent faire des courses jusqu'aux portes de Grenoble. De Gordes projeta alors de s'emparer de Corps. Jules Centurion réussit à pénétrer dans la place. Lesdiguières partit aussitôt de Gap pour la reprendre; mais de Gordes, à la tête d'un corps nombreux, s'avança au-devant de lui jusqu'au Bourg-d'Oisans et le força à rétrograder. De là il dut courir au secours du château d'Ambel, que Lesdiguières assiégeait, et il le contraignit encore à lever le siége. Peu s'en fallut même qu'il ne s'emparât de ce rude adversaire qui ne dut qu'à sa fortune et à son audace de se tirer du mauvais pas dans lequel les poursuites de de Gordes l'avaient jeté, et qui parvint à se renfermer dans Saint-Bonnet.

Dans cette situation des affaires, de Gordes devait se multiplier pour faire face à tout. Il était obligé d'avoir continuellement l'œil ouvert sur les démarches de Lesdiguières qui, au courage et à la hardiesse, joignait la ruse sur les entreprises des autres chefs protestants et qui menaçaient tantôt un point, tantôt un autre, et que ni les défaites, ni les privations ne pouvaient rebuter ; il fallait exciter la noblesse, parfois insouciante de son propre péril, prévenir sans cesse les querelles qui survenaient entre les habitants des deux religions, et même entre les hauts dignitaires catholiques, qui se disputaient de vains honneurs de préséance, comme le firent l'archevêque de Vienne et celui d'Embrun aux états généraux de Blois ; puis l'évêque de Grenoble et ce même archevêque d'Embrun, qui s'attribuaient tous les deux le droit de présider les états du Dauphiné. Au milieu de ces embarras divers, il ne se départit jamais de ces sentiments de conciliation qui, plus d'une fois, le firent réussir là où les armes seules auraient échoué.

Les protestants le rappelèrent de nouveau à Grenoble. Ils avaient ravagé Jarrie, Saint-Martin d'Hère et plusieurs autres communes des environs. Le capitaine Laborel, qui commandait dans Grenoble, se voyant hors d'état de mettre cette ville à l'abri d'un coup de main, à cause de la mauvaise discipline qui régnait parmi les soldats, fit connaître à de Gordes la situation critique dans laquelle il se trouvait. De Gordes se hâta d'accourir et rétablit en peu de temps, par de sages remontrances et de salutaires exemples, ce frein et ce dévouement sans lesquels toute résistance devient nulle, toute guerre malheureuse. Il repartit ensuite pour Romans. Au milieu de ces préoccupations sans nombre, il sentait ses forces diminuer; mais, grâce à son énergie, il luttait contre le mal et surtout contre la douleur que les vides faits par la mort dans sa famille lui causaient. Ses ennemis ne s'endormaient pas non plus. Leurs plaintes et leurs dénonciations contre ce qu'ils appelaient sa partialité en faveur des protestants continuaient d'arriver à la cour. Maugiron faisait agir à Paris son fils Ludovic qui s'était distingué au siége d'Issoire, où il avait perdu un œil, et qui périt peu de temps après dans un duel célèbre. Favori de Henri III, Ludovic de Maugiron pouvait faire réussir les intrigues de son père, qui aspirait toujours à recouvrer la place qu'il avait perdue. Les protestants, de leur côté, ne lui laissaient guère le temps de se reconnaître. Ventadour, un de ses lieutenants, avait tenté de s'emparer de Livron et avait échoué; de Gordes vint assiéger Loriol et s'en rendit maître. Pendant qu'il se réjouissait de ce succès, il apprit que Lesdiguières, qui n'avait pas renoncé à l'idée de s'emparer de Corps et d'Ambel, était parvenu à réussir dans l'exécution de ses projets et qu'il avait emporté d'assaut ces deux places. En même temps, il reçut la nouvelle qu'un artisan de Grenoble, nommé Jean Leroy, avait organisé un complot pour livrer la ville à Lesdiguières. Il crut donc devoir s'y rendre, et ses mesures énergiques inspirèrent une salutaire terreur aux partisans secrets de Leroy.

Une sixième paix, tout aussi dérisoire que les autres, fut conclue sur ces entrefaites, à la fin de septembre, et publiée à la Rochelle. Lesdiguières, sans avoir égard à ce qu'elle ordonnait, tenta de se rendre maître de Crest et fut repoussé. Après cet échec, il se montra plus disposé à entrer en accommodement. Il venait

d'être définitivement reconnu par tout le parti protestant pour son chef général. Le prince de Condé d'abord,
ensuite une assemblée tenue à Gap et composée des
délégués des protestants du Champsaur, du Gapençais
et du Trièves, avaient confirmé cette nomination. Les
prisonniers furent rendus de part et d'autre, et la chambre *mi-partie* définitivement établie. Les protestants y
entrèrent pour un tiers. Le peuple, si maltraité dans
ces malheureuses guerres, obtint de de Gordes la révo-
cation des impôts extraordinaires qui avaient été mis
sur le sel pour l'entretien des troupes.

La paix, cependant, ne s'établit pas complètement
dans toutes les villes. A Die, à Gap, elle fut repoussée
par les habitants et les soldats protestants. Les catholiques qui se présentèrent pour rentrer dans ces villes
furent maltraités, quelques-uns même tués. Valence,
Romans, Montélimar, Etoile étaient dans la consternation par suite du bruit, souvent renouvelé, que les protestants de la Provence, unis à ceux du Vivarais,
projetaient de s'en rendre maîtres. Le maréchal de
Bellegarde, chargé de les défendre, eut recours de nouveau à la sagesse et à l'expérience de de Gordes. Il lui
fit demander une entrevue dans la ville du Buis. De
Gordes, que tant de fatigues avaient épuisé, et que le
chagrin de la perte de son fils et de son gendre minait de
plus en plus, était sérieusement indisposé. Cependant,
n'écoutant que la voix du devoir et présumant trop de
son courage, il se mit en route le 12 février 1578; mais,
arrivé à Montélimar le 20, ses forces l'abandonnèrent,
et il comprit que sa dernière heure approchait. Il voulut·

mourir debout et consacrer à son pays jusqu'à son dernier instant. Il passa toute la journée à dicter des lettres et diverses instructions pour l'exécution de la paix. Le lendemain, il s'entretint avec différentes personnes que le maréchal de Bellegarde avait envoyées pour conférer avec lui, et il refusa constamment de s'aliter. Il remplit ses devoirs religieux sans ostentation et avec calme. Il encouragea ses amis, ses compagnons d'armes, qui pleuraient en silence autour de lui, et les supplia de ne jamais oublier les sentiments de modération et de conciliation qui avaient fait sa force et qui, à cette heure suprême, faisaient sa consolation. L'aspect de la mort, qu'il avait vue tant de fois et de si près sur les champs de bataille, ne l'effrayait pas. Que pouvait-il regretter dans la vie où, depuis douze ans, il n'avait trouvé que chagrins et amertume? Sa femme, son fils aîné, son gendre bien-aimé l'avaient précédé, et sa foi de chrétien lui disait qu'il allait les revoir. Son seul regret en mourant fut de penser que le Dauphiné, auquel il avait voué tant d'affection, pour lequel il avait sacrifié son repos et sa vie, ne jouirait pas encore de cette paix solide qu'il avait tant ambitionnée pour lui, et qu'un autre, plus heureux, recueillerait le fruit de ses efforts. Il chargea Aymar de Chaste de Gessans, enseigne de la compagnie de ses gens d'armes, qui reçut son dernier soupir, de bien assurer le roi qu'il lui était mort fidèle et dévoué, de recommander à ses enfants de ne pas oublier les exemples de leur père et de marcher sur ses traces, recommandation que tous suivirent fidèlement; enfin, vers cinq heures du

soir, il rendit l'âme, sans agonie, presque sans souf-
frances.

Ses restes mortels furent transportés à Grenoble, au
milieu des regrets unanimes des populations. La consternation fut grande dans la ville quand on y connut
la nouvelle de cette mort. Amis et ennemis, tous
avaient appris à aimer de Gordes, tous avaient eu à
se louer de sa justice, de son humanité ; aussi tous le
regrettèrent sincèrement. Le Dauphiné avait fait une
perte immense. On le comprit bien davantage dans les
années qui suivirent et où la misère du peuple, portée
à l'excès, amena ces divers soulèvements, ces petites
jacqueries qui se terminèrent par d'horribles massacres exécutés sans pitié. L'esprit de conciliation et
l'humanité de de Gordes les avaient constamment pré-
venus et, s'il eût vécu, ce sang eût été épargné.

Aujourd'hui, tout près de l'église de Laval, un frag-
ment de tour, que le temps aura bientôt renversé,
indique seul où fut ce château qu'illustra la présence
de de Gordes et où il vint souvent chercher quelques
heures de repos. Comme celui qui vit naître Bayard, et
dont on aura de la peine à retrouver les traces dans
quelques années, ce dernier souvenir d'un homme
auquel le Dauphiné doit tant d'affection et de reconnaissance, finira par disparaître sous le lierre et la
ronce. La révolution, qui a détruit un si grand nombre de demeures féodales au nom de la fraternité,

aurait dû se rappeler que nul ne sut mieux la prati-
quer que celui dont je viens d'esquisser la vie. Mais
on ne doit pas plus compter sur la reconnaissance
des peuples que sur celle des individus. Puissent du
moins ces quelques pages réparer ou prévenir une plus
grande injustice!

FIN.

www.ingramcontent.com/pod-product-compliance
Lightning Source LLC
Chambersburg PA
CBHW051715090426
42738CB00010B/1924